슈퍼 에이전트

슈퍼 에이전트

지은이 신호종
펴낸이 임상진
펴낸곳 (주)넥서스

초판 1쇄 발행 2020년 2월 24일
초판 2쇄 발행 2020년 2월 28일

출판신고 1992년 4월 3일 제311-2002-2호
10880 경기도 파주시 지목로 5
Tel (02)330-5500 Fax (02)330-5555

ISBN 979-11-6165-913-8   03320

저자와 출판사의 허락 없이 내용의 일부를
인용하거나 발췌하는 것을 금합니다.

저자와의 협의에 따라 인지는 붙이지 않습니다.

가격은 뒤표지에 있습니다.
잘못 만들어진 책은 구입처에서 바꾸어 드립니다.

www.nexusbook.com

슈퍼
에이전트

— 류현진의 에이전트 스캇 보라스의 협상 전략 —

신호종 지음

넥서스BIZ

협상의 달인 스캇 보라스를 통해 본
류현진의 이적 뒷이야기

이 책의 저자는 매우 특이한 사람이다. 나는 작가로서 우리 사회의 많은 경이로운 인물들을 만나왔지만 그중 몇 사람을 꼽으라 하면 바로 이분 신호종 교수를 떠올리게 된다.

그의 경력은 매우 다채롭지만 다른 사람이 접근하지 못했던 독특한 두 영역이 있는데 바로 수사와 역량근육이다.

그는 젊어서 행정고시를 패스한 후 희한하게도 범죄자를 추궁하는 일선 수사관으로 경력을 시작했다. 고시 패스의 두뇌를 가진 사람이 좁디좁은 신문실에서 필생의 힘을 다해 범죄를 은폐하려는 사람들을 수십 년간 다루어 왔으니 인간과 인간사에 대한 그의 관찰은 하나의 큰 경지를 이루고도 남을 수밖에 없다.

그는 이 남다른 통찰력으로 전 세계에서 처음으로 '역량근육'이라는 단어를 만들어냈는데 이 생소한 단어는 까다로운 문제를 예측하고 진단하고 해결하는 능력쯤으로 해석할 수 있을 것이다. 과연 그는 도저히 풀리지 않는 난제를 해결하는 데 있어 보통의 컨설턴트들과는 비교할 수 없는 남다른 탁월함을 보여 온지라 나는 어려운 일만 있으면 습관적으로 그의 번호를 누르곤 한다.

그간 그는 사회 여러 분야에서 자신의 역량근육 강의를 통해 사회와 인생의 제 문제를 진단하고 그 예방부터 사후 처리까지를 강연해왔다. 이번 이 책은 그 일환으로 어떻게 하면 협상의 달인이 될 수 있는지를 세계 최고의 스포츠 에이전트 스캇 보라스의 필로소피와 스킬을 예로 들며 가르쳐준다.

특히 얼마 전 류현진을 다저스로부터 토론토로 이적시킨 사례를 소개하며 현장에서의 협상 환경은 어떠한지, 어떤 방식으로 목적을 달성하는 게 최선인가를 일목요연하게 가르쳐준다.

나는 이 책에서 성공적 협상이란 나의 이익을 좀 더 많이 가져오는 데 있기보다는 공동의 이익을 어떻게 설정하고 실현하는가에 달려 있다는 사실을 알게 되었는데 이제껏 그토록 많은 협상의 이론서에서 전혀 짚지 못했던 부분이라 느끼는 바 있었다.

그러고 보니 모든 인류의 스승들은 순간순간을 승리로 이끄는 현란한 수법을 가르친 게 아니라 지속적 신뢰와 호혜적인 관계를 설정하는 법을 가르쳤다는 사실이 새삼 떠오른다. 저자가 예로 든 스캇 보라스는 스스로 몇 가지 원칙을 설정함으로써 그 가르침을 자신도 모르게 실현했다는 점에서 그의 협상 기술이야말로 전천후의 테크닉인 동시에 일생 품고 살아야 할 철학이라는 생각이 든다.

　얕은 수법만을 나열한 협상 관련 서책들이 범람하는 이 시대에 류현진의 이적 뒷얘기를 담은 흥미 만점의 이 재미난 책이 의외로 협상에 임하는 마인드부터 가치관까지를 충실히 담고 있어 많은 분들께 일독을 권하고 싶다.

소설가 김진명

야구에서 배우는 회사 경영 전략

_보이는 경쟁과 보이지 않는 경쟁

류현진이 토론토 블루제이스와 4년 8000만 달러(약 952억 원) 계약을 체결했다는 소식은 운동선수뿐만 아니라 국민 모두에게 기쁜 소식이다.

그 계약을 이끈 에이전트가 바로 스캇 보라스다.

메이저리그 스토브리그 한 달 동안 보라스가 이끌어낸 계약 총금액이 10억 1300만 달러(약 1조 2000억 원)에 이른다. 그의 수수료(5%)만 해도 5065만 달러(약 602억 원) 정도다. 그리고 그가 운영하는 보라스 코퍼레이션의 1년 총 계약 금액이 20억 달러(2조 4000억 원)를 넘긴 지는 이미 오래전이다.

이 책은 스캇 보라스의 고객인 여섯 명의 자유계약선수의 계약 체결 과정을 스토리텔링 방식으로 서술했다. 내용은 모두 사실fact을 기반으로 했지만 야구를 전혀 모르는 독자도 쉽게 읽을 수 있도록 스토리텔링 방식으로 구성한 것이다.

류현진 성공 사례는 운동장에서 묵묵히 구슬땀을 흘리는 어린 야구선수뿐만 아니라 그들의 가족에게도 희망과 기회가 될 수 있을 것이다. 입시 위주의 교육에 치중하는 우리나라 현실에서 심신 단련과 공정한 룰을 지켜야 하는 스포츠가 사회 교육에 큰 역할을 할 수 있다고 믿고 있다.

류현진 선수는 고등학교 졸업 후 바로 한국프로야구 한화 이글스에 입단하여 7년 동안 한국야구를 빛냈고, 비공개 입찰제도인 포스팅 시스템을 통해 메이저리그에 입성했다. 이는 한국프로야구 역사상 첫 번째 사례였다.

7년간 LA 다저스에서 활약하면서 2019년에는 메이저리그 전체 평균자책점 1위, 내셔널리그 사이영상 2위라는 대기록을 수립했다. 그리고 자유계약선수가 되어 토론토 블루제이스와 장기 계약에 성공했다.

이 책에서는 류현진과 스캇 보라스가 계약 체결 과정에서 보여준 협상 전략과 역량을 아주 잘 묘사하고 있다. 특히 류현진은 마운드에서 강타자를 처리하듯 연봉 협상 과정에서도 그만의 뚝심과 배짱으로 협상을 이끌어냈다.

류현진이 LA 지역을 떠날 수 없을 것이라는 LA 지역 연고팀 다저스와 에인절스의 예상을 깨고 "모든 구단은 서울에서 다 멀다"라며 토론토 블루제이스를 선택한 그의 배짱이 이 책에 실감나게 잘 묘사되어 있다.

스캇 보라스는 구단과의 협상 과정에서 철저한 준비와 독창적이고 창의적인 관점에서 선수의 장점을 찾아내는 것으로 유명한 슈퍼 에이전트다.

〈스토브리그〉라는 드라마가 인기리에 방영되고 있는 이때에 이 책이 발간되어 시의적절하다는 생각이 든다. 드라마 〈스토브리그〉의 주인공 백승수 단장이 소속 선수들과의 연봉 계약을 담당하는 구단의 단장이라면, 스캇 보라스는 선수 입장에서 좋은 계약을 이끌어내는 에이전트라는 관점에서 서로 연관이 있다고 할 수 있다.

이 책은 야구에 관한 책이라기보다는 야구선수의 연봉 협상 과정을 보여주는 협상 역량과 경영에 관한 책이다. 얼마 전 타계하신 롯데 그룹 신격호 회장이 야구에 남다른 애정을 가지고 있었다는 것은 잘 알려진 사실이다. 1969년 도쿄 오리온스를 인수하여 롯데 마린스로 키웠고, 이 팀에서 장훈 등 재일교포 선수들이 활약을 했다. 신격호 회장은 1970년에는 롯데 자이언츠를 창단하여 부산에 야구 붐을 일으키기도 했다. 신격호 회장 이외에도 이건희 회장, 김승연 회장 등 많은 경영자가 야구를 사랑한다.

경영자들이 야구에 빠진 이유는 무엇일까? 야구에서 회사 경영 전략을 배울 수 있기 때문일 것이다. 야구 경기는 많은 기회와 선택을 해야 하고, 그 선택에 따라 승패가 결정되는 경기다. 야구의 속성이 회사 경영과 유사한 것이다. "끝날 때까지 끝난 게 아니다"라는 요기 베라의 명언처럼, 끝까지 포기하지 않는 끈기도 경영인의 필수 덕목이다.

협상에는 '보이는 경쟁(기록, 성과)'뿐만 아니라 '보이지 않는 경쟁(뚝심, 배짱)'이 중요하다. 국경 없는 무한 경쟁 시대에 살고 있는 우리들에게 성공적인 협상의 중요성과 협상 기법을 알려주는 이 책이 반가운 이유다.

모두의 일독을 권한다.

권오성
비바스포츠 대표
세계스포츠산업 아시아지역 대표
대한스포츠산업조합 이사장 역임

일종의 팩션으로 풀어낸
류현진의 뚝심과 배짱

류현진 선수가 토론토 블루제이스와 4년 8000만 달러(약 952억 원)라는 대형 계약을 체결했다는 기쁜 소식이 전해졌다. 야구 선배로서 온 국민과 함께 진심으로 기뻐했다.

두 번이나 자유계약선수로 장기 계약을 체결한 류현진은 모든 야구선수의 로망이다. 류현진이 선배인 박찬호를 닮기 위해 많은 땀을 흘렸듯이, 어린 선수들이 류현진을 롤 모델로 삼아 운동장에서 열심히 구슬땀을 흘리고 있다. 야구인의 한 사람으로서 여간 고마운 일이 아닐 수 없다.

류현진의 성공을 보며 많은 부모들이 공부하라는 잔소리를 줄였다고 한다. 대신에 '야구 글러브와 공'을 사주며 꿈과 희망을 가질 수 있는 기회를 준다고 한다. 이처럼 야구선수의 꿈을 가진 소년들에게 새로운 희망을 갖게 한 것이 류현진의 성공이 주는 또 다른 의미일 것이다.

이 책에서는 류현진과 함께 연봉 계약을 체결한 에이전트 스캇 보라스에 관한 내용이 풍부하게 소개되어 있다. 그를 빼놓고 메이저리그를 생각할 수 없을 정도로 그는 유명한 메이저리그 에이전트다.

보라스는 구단에는 '악마'와 같은 존재다. 반면에 선수에게는 그동안 흘린 땀과 자부심의 가치를 제대로 챙겨주는 '천사'와도 같다. 그는 자신의 고객인 선수와 그의 가족을 위해 한 푼이라도 더 받아내려고 노력한다. 이것이 선수가 그동안 흘린 땀에 대한 대가라고 생각하기 때문이다. 그리고 야구로 큰돈을 벌어들이는 구단이 야구에 더 많은 돈을 재투자해야 한다는 것이 그의 변함없는 신념이다.

이러한 사실들이 이 책에 잘 드러나 있다.

이 책은 자칫 무미건조할 수 있는 내용을 스토리텔링 기법으로 재미있게 풀어냈다. 실존 인물이나 실제 있었던 사실fact을 기반으로 하면서 스토리텔링 기법fiction을 가미한 일종의 팩션faction이라 할 수 있다. 이 점이 야구를 잘 모르는 독자라도 이 책을 쉽고 재미있게 읽을 수 있게 하는 매력이다.

이 책에는 여러 유행어와 감탄사를 남겼던 류현진의 뚝심과 배짱이 자세하게 서술되어 있다. 특히 류현진과 똑같이 강속구보다는 서클체인지업이 주무기였던 애틀랜타의 전설 톰 글래빈과 류현진의 생일이 3월 25일로 같다는 사실 앞에선 놀라지 않을 수 없었다. 그리고 이것을 찾아내 협상의 결정구로 삼았다는 사실 앞에선 아마 메이저리그 해설자들도 놀랄 것이다.

저자가 이 책을 준비하면서 얼마나 많은 자료를 살펴보았는지 알 수 있는 대목이다.

또한 이 책에는 메이저리그 스토브리그에 관한 실상이 아주 잘 묘사되어 있을 뿐만 아니라 보라스의 협상 전략과 기법이 구체적으로 묘사되어 있다. 국내에서는 그에 관한 정보가 아주 제한적임에도 불구하고, 이 책에는 야구팬이라면 누구나 혹할 수 있는 풍부한 정보가 잘 드러나 있다.

그중 보라스의 어린 시절 이야기, 뜻하지 않은 부상, 그로 인한 좌절, 약학대학원과 로스쿨 선택, 에이전트가 된 과정 등이 인상적이었다.

이 또한 이 책을 쓰기 위해 저자가 얼마나 많은 노력과 시간을 들였는지 엿볼 수 있는 대목이다.

저자는 '밤비노의 저주', '염소의 저주'라는 저주에 빠져 있던 보스턴 레드삭스와 시카고 컵스 선수들에게 우승 반지를 안긴 젊은 단장 테오 엡스타인에 관한 책을 출간했었다. 2017년에 출간된 《테오 엡스타인에게 배우는 33역량》이 바로 그것이다. 이런 저자였기에 에이전트 스캇 보라스에 관한 이 책을 쓸 수 있었을 것이다. 아무나 이런 멋진 책을 쓸 수는 없는 노릇이기 때문이다.

〈스토브리그〉라는 드라마가 최근 인기리에 방영되는 점도 시의적절한 것 같다. 야구에 대한 관심이 폭넓게 퍼져 이제 막 에이전트 제도를 도입한 한국야구가 발전하는 기회가 되길 바라는 마음이다.

이 책은 야구선수 연봉 계약 과정을 협상 전략 관점에서 쓴 일종의 협상 기법과 경영에 관한 책이다.

스캇 보라스와 류현진 선수의 선택과 노력이 이 책을 읽는 분들에게도 자신만의 꿈을 실현하는 데 동기부여가 될 것으로 기대하면서 이 책의 일독을 권한다.

잠시나마 토론토 블루제이스에 몸담았던 선배로서 류현진 선수가 로저스 센터 마운드에서 멋지게 활약하는 모습을 그려본다.

박노준

안양대학교 총장, 전 메이저리그 해설위원(JTBC, SBS, 경인방송)
《메이저리그 스카우팅리포트》, 《프로야구 스카우팅리포트》의 저자

차례

야구에 조금이나마 관심이 있는 사람들이라면 '스캇 보라스'라는 이름을 한 번쯤 들어봤을 것이다. 미국 메이저리그에서 활약했던 박찬호, 김병현 선수와 현재 활동 중인 추신수, 류현진 선수의 연봉 계약을 성사시킨 에이전트가 바로 스캇 보라스이기 때문이다.

2019년 12월까지 보라스가 성사시킨 류현진을 포함한 선수 여섯 명의 계약 총액이 10억 1300만 달러(약 1조 2000억 원)에 이른다. 그가 받을 에이전트 수수료(5%)만 해도 5065만 달러(약 602억 원)다.

2018년 미국 경제전문지 〈포브스〉는 보라스를 '세상에서 가장 영향력 있는 스포츠 에이전트'로 선정했다. 야구선수 연봉 총액 5000만 달러, 1억 달러, 2억 달러, 3억 달러의 첫 번째 계약 기록이 모두 그의 손에서 나왔다.

야구 시즌이 끝나자마자 팬들의 마음을 사로잡는 이벤트가 바로 스토브리그다. 자유계약선수들은 다른 팀과 새로운 계약을 체결할 수 있고, 구단은 기존 선수를 방출하거나 새로운 선수를 영입할 수 있는 공개적으로 허용된 잡 페어Job Fair다.

이런 스토브리그를 가장 뜨겁게 달구는 남자가 바로 '스캇 보라스'다. 천문학적인 액수의 연봉 계약은 거의 보라스의 손에 의해 이루어지기 때문이다.

해마다 최고 연봉 기록을 갈아치우는 보라스의 마법을 보는 것도 야구팬들에게는 경기 못지않은 흥밋거리다.

구단 입장에서 보면 보라스는 '악마'이고, 선수 입장에서는 '수호천사'다. 그의 신출귀몰한 협상 전략에 구단들은 속수무책으로 많은 돈을 지불해야 하지만, 선수들은 고액 연봉을 챙길 수 있기 때문이다.

많은 선수들이 연봉 계약을 위해 보라스를 찾는 이유는 무엇일까? 그가 최고의 연봉을 안겨줄 수 있는 유능한 에이전트라고 굳게 믿고 있기 때문이다. 그렇다면 무엇이 그를 메이저리그 최고의 에이전트로 만들었을까?

그 답을 찾아가는 과정이 바로 이 책의 내용이다.

스캇 보라스가 메이저리그 최고의 에이전트가 된 것도 그만의 선택이 있었기에 가능했다. 낙농업을 하는 농부의 장남으로 태어난 그는 아버지의 반대에도 불구하고 트랙터 위에서도 몰래 야구 중계를 들을 만큼 야구를 좋아했다. 부모는 그가 고등학교를 졸업하고 가업을 이어받을 것으로 기대했다. 새벽 5시부터 밤늦게까지 빈틈없이 해내야 하는 농장 일은 가족 말고는 다른 사람이 대신할 수 없었기 때문이다. 하지만 그는 야구선수의 꿈을 이루기 위해 부모 몰래 야구 장학생으로 퍼시픽대학교에 진학했다.

하루에 6시간 넘게 야구에만 집중할 수 있었던 보라스의 대학 생활은 정말 꿈같은 시절이었다. 그는 대학 야구팀 주장으로 활약하며 무난하게 마이너리그에 진출했다. 마이너리그에서도 리그 올스타 선수로 선정될 정도로 맹활약했다. 하지만 그에게 뜻하지 않은 시련이 찾아왔는데 바로 무릎 부상이었다. 세 번의 수술을 받았지만 야구를 포기할 수밖에 없었다. 메이저리그 진출을 눈앞에 둔 그의 나이 25세 때였다.

수술 후 병상 위에서 아무리 닦아내도 그치지 않을 것 같았던 보라스의 눈물은 그가 약학대학원 공부에 몰입하면서 마르기 시작했다. 아버지가 농장 일을 하면서 늘 내일 해야 할 일과 흉년을 준비하듯이, 그도 야구를 하면서도 공부를 등한시하지 않았다. 그리고 약학대학원을 졸업한 후 고향인 새크라멘토에 있는 병원에서 약사로 근무했다.

약사로 근무하면서 보라스는 제약회사 변호사의 꿈을 이루기 위해 로스쿨 진학을 선택했다. 주간에는 병원에서 근무하고 야간에는 로스쿨에서 공부하는 3년간의 주경야독 끝에 그는 변호사가 되었다.

로펌에서 의료 분쟁 사건 전문변호사로 활동하던 보라스에게 또 다른 선택을 해야 할 사건이 운명처럼 다가왔다. 야구선수 시절 팀 동료였던 선수가 연봉 협상을 대리해줄 것을 변호사인 그에게 요청했던 것이다. 그리고 그는 선수 경험과 약사와 변호사라는 전문성을 바탕으로 동료의 연봉 계약을 성공적으로 이끌어냈다. 그 이후 이 소문을 듣고 그에게 연봉 계약을 위임하기 위해 야구선수들이 하나 둘 찾아오기 시작했다.

의료 분쟁 사건 전문변호사냐? 야구선수 에이전트냐?

기로에 선 보라스는 둘 중 하나를 선택해야만 했다. 그는 에이전트의 길을 선택했다. 삶의 방향이 바뀌어도 그에게 변하지 않는 확신이 바로 야구였기 때문이다. 당시만 해도 야구선수 에이전트 업무를 전담하는 변호사가 적었지만, 그는 망설임 없이 에이전트의 길을 선택했다. 그 선택은 그의 야구에 대한 변함없는 열정 때문이었다.

야구에 대한 열망과 경험, 그리고 의학과 법률을 양손에 쥔 보라스는 에이전트로서 승승장구했다. 그에게 에이전트 분야는 말 그대로 블루오션이요, 무주공산이었다.

만약 보라스가 야구선수의 꿈이 좌절되었을 때 약학 공부를 선택하지 않았다면, 그리고 법률 공부를 선택하지 않았다면 지금과 같은 슈퍼 에이전트가 될 수 있었을까?

내가 이 책을 쓰기로 마음먹은 첫 번째 동기였다.

무릎 부상이라는 우연이 약학과 법학을 선택해야 할 기회가 되었고, 옛 동료와의 인연이 보라스를 에이전트로 인도하고 크게 성공하게 하는 요인이 된 셈이다. 아무리 우연과 인연이 중요하더라도 그가 에이전트의 길을 선택한 것은 그의 야구에 대한 열정과 사랑 때문이 아니었을까?

보라스에게 야구라는 것은 하나의 스포츠를 넘어서 그의 삶을 받쳐주는 주춧돌 같은 믿음이었다. 그의 아버지가 농장 일을 하면서 언제나 흉년을 대비하는 믿음처럼, 그에게는 야구에 대한 열정이 주어진 상황에서도 흔들리지 않고 자신이 해야 할 일을 선택할 수 있게 하는 믿음이었던 것이다.

보라스는 구단이나 언론으로부터 '악마 에이전트', '큰돈만 좇는 야비한 장사꾼'이라는 혹평을 듣기도 한다. 하지만 그는 이런 혹평에 변명이나 항변을 하지 않고 묵묵히 자신의 길을 걸어가고 있다. 선수와 그 가족의 입장에 서서 최상의 협상에 임하는 것만이 자신의 소명이라고 굳게 믿고 있기 때문이다.

보라스는 메이저리그 선수가 자유계약선수 자격을 얻기까지 얼마나 많은 땀을 흘렸는지 누구보다 잘 안다. 자신이 협상하는 연봉 계약은 단순히 돈 액수가 아니라, 선수의 가치와 자존감이고 보상이라는 것을 잘 안다. 그가 아무리 작은 협상이더라도 허

투루 하지 않는 이유다.

야구로 많은 돈을 벌어들이는 구단이 선수와 팬들을 위해 보다 많은 돈을 재투자해야 한다는 것이 보라스의 신념이다. 고액 연봉을 받는 선수가 나올 때마다 많은 소년과 부모에게는 새로운 꿈이 될 수 있기 때문이다.

이 책에서는 스캇 보라스와 에이전트 계약을 체결한 게릿 콜, 스티븐 스트라스버그, 앤서니 렌던, 댈러스 카이클, 마이크 무스타커스의 계약 과정과, 부상을 극복하고 2019년 최고의 활약을 한 류현진 선수가 토론토 블루제이스와 4년 8000만 달러에 계약하는 과정을 상세하게 다루었다.

이 책은 사실fact을 기반으로 했지만 서술 기법은 스토리텔링 방식을 택했다. 그 이유는 국내보다는 미국 자료가 많아 보라스가 슈퍼 에이전트가 되기까지의 과정과, 협상 과정에서 발휘하는 그만의 천재성을 흥미롭게 전달하기 위해서는 스토리텔링 방식이 적합하다고 판단했기 때문이다.

9월부터 아들과 둘이서 서울둘레길을 걷기 시작했다. 157킬로미터를 걸으며 오랜만에 아들과 이런저런 대화를 나누던 중 메이저리그 경기에 관한 이야기까지 하게 되었고, 월드시리즈가 끝나자 자연스럽게 스캇 보라스 이야기도 하게 되었다.

보라스는 알면 알수록 매력적인 인물이었고, 그를 더 알고 싶다는 강한 욕망이 나를 이끌었다. 그리고 아들과 걸으면서 나눈

그의 성공을 많은 사람에게 소개하고 싶었다.

이 책을 쓰게 된 두 번째 동기였다.

보라스는 어려운 순간마다 회피하지 않고 적극적인 선택을 했고, 그 선택은 좋은 결과로 이어졌다. 그가 한 선택 중에는 실패한 선택도 있었을 것이다. 하지만 실패한 선택은 자기반성으로 이어졌고, 성공적인 선택을 하는 자양분이 되어 그를 더욱 강하게 만들었다.

어려운 선택을 해야 할 때, 스캇 보라스라는 이름을 떠올려 자신의 신념과 열정대로 자신만의 선택을 할 수 있기를 기대한다.

미닛 메이드 파크

★ ★ ★

2019년 10월 30일 오후 11시.

휴스턴 시내에 차량들이 꼼짝도 하지 않는다. 한꺼번에 몰려나
오면서 차량들이 뒤엉켰기 때문이다. 러시아워도 아닌 늦은 시간
에 이처럼 교통 체증이 심한 경우는 아주 드문 일이다.

정체의 시작은 휴스턴 애스트로스 홈구장인 미닛 메이드 파크
였다. 이 야구장은 자동 개폐식으로 된 돔구장으로, 한 면은 투명
유리로 되어 있어서 천장을 덮어도 밝은 불빛과 함성소리가 밖으
로 새어 나왔다.

야구장에서 나오는 불빛은 마치 대형 랜턴처럼 휴스턴 시내를
밝히고 있었다.

4만 명이 훨씬 넘는 관중이 모였고, 경기가 방금 끝났지만 사

람들은 자리를 떠날 줄 모르고 그대로 머물러 있었다. 주황색 상의나 모자를 쓴 사람들은 패배한 팀을 응원한 팬들이고, 붉은색 옷이나 모자를 쓴 사람들은 승리한 팀을 응원한 팬들임을 한눈에 알 수 있었다. 붉은색은 펄쩍펄쩍 뛰면서 기쁨을 만끽하고 있는 반면, 주황색은 멍하니 앉아 있거나 서 있었기 때문이다.

주황색 옷과 모자를 쓴 사람들은 마치 마녀가 마법으로 이들을 박제로 만든 듯 미동조차 없었다.

미닛 메이드 파크는 어느 자리에서든지 경기를 훤히 내려다볼 수 있는 공연장 같았다.

9회말 투아웃에서 마지막 타자에게 공을 던진 붉은색 팀 투수는 아웃을 확인한 순간 끼고 있던 글러브를 땅바닥에 내동댕이쳤다. 껑충껑충 뛰는 그를 향해 선수들이 모여들었다. 감독과 대기하고 있던 선수들도 더그아웃을 박차고 구장 안으로 뛰쳐나와 서로 얼싸안고 샴페인을 터트렸다.

패배한 팀 선수들은 직장에서 쫓겨나는 퇴직자처럼 짐을 챙겨 더그아웃 뒷문으로 조용히 빠져나갔다. 서로 눈도 마주치지 않으려는 듯 땅을 보고 걸어 나갔다. 감독과 코치만이 힘없이 걸어 나가는 선수들의 등을 툭툭 쳐줄 뿐이었다.

참았던 눈물을 한 손으로 훔치면서 걸어 나가는 선수의 모습이 전광판에 비쳤다. 여기저기서 탄식 소리가 들렸고, 그 선수와 똑같이 눈물을 훔치는 사람들도 보였다. 경기가 막 끝난 야구장이라기보다는 한바탕 전투를 치른 전쟁터 같았다.

'워싱턴 내셔널스 2019년 월드시리즈 우승'
'창단 51년 만에 첫 우승'

전광판은 승리를 축하하는 사람들의 모습과 우승팀을 계속해서 보여주고 있었다. 방금 끝난 경기가 휴스턴 애스트로스와 워싱턴 내셔널스 간의 월드시리즈 결승전이었음을 알 수 있었다.

이 경기는 30개 구단이 3월부터 2,430경기의 정규리그 경기를 마치고, 상위 10개 팀이 챔피언을 가리는 마지막 경기였다.

승리한 팀은 우승 트로피를 들어 올리고 선수들은 우승 반지를 끼게 된다. 반면에 패배한 팀 선수들은 처음부터 다시 도전해야 한다. 평생 우승 반지를 끼지 못하고 야구장을 떠날 수도 있다.

경기 전 전문가들은 휴스턴이 우세할 것으로 예상했었다. 그 이유는 휴스턴은 올해 메이저리그 전체 30개 팀 가운데 성적이 1위(107승)였고, 워싱턴은 9위(93승)였기 때문이다. 휴스턴은 2년 전에도 월드시리즈 우승을 했었고, 당시 멤버들이 거의 그대로 뛰었다. 그리고 올해에는 특급 선발투수인 게릿 콜까지 합류했다. 게다가 시즌 도중에 사이영상 수상 경력이 있는 잭 그레인키까지 영입하는 등 두 번째 월드시리즈 우승을 위해 구단이 큰돈을 투자했기 때문이다.

큰돈을 투자했음에도 휴스턴은 패했다. 그게 바로 야구다.

경기 마지막 장면과, 승리한 팀과 패배한 팀의 선수와 감독 모습이 전광판에 번갈아 보였다.

카메라가 관중석을 비추다가 잠시 머리가 짧고 덩치가 큰 한 중년 남자 앞에서 멈추었다. 붉은 유니폼을 입은 그 남자는 옆자리에 앉아 있는 한 중년 여인과 서로 부둥켜안고 눈물을 글썽거렸다. 한눈에 그가 워싱턴 내셔널스를 응원했음을 알 수 있었다. 카메라가 그 남자만 오랫동안 보여준 것으로 보아 그는 내셔널스의 열렬한 팬임이 틀림없었다.

3루수 쪽 앞자리에 앉아 경기를 관람하던 다른 중년 남자는 주머니에서 전화기를 꺼냈다. 그는 경기 내내 자리를 뜨지 않고 경기를 지켜봤다. 마치 어느 팀이 이겨도 상관없다는 듯이 전혀 동요하지 않고 차분한 모습이었다.

"마크! 축하해요. 지금 이 순간을 마음껏 즐기세요. 저도 얼마나 이 순간을 보고 싶었는지 모릅니다."

분명 승리를 축하하는 메시지였지만 그의 말에는 냉정함이 배어 있었다.

"마크, 정말 큰 선택을 하시길 잘 했지요?"

"미합중국 수도 워싱턴 D.C. 시민들에게 이보다 더 큰 선물은 없을 겁니다."

남자의 말을 듣고 있던 상대방도 냉정함을 잃지 않으려는 듯 차분한 목소리로 대답했다.

"나도 기뻐요."

"스캇! 모두 당신 덕분입니다."

"트럼프 축하 전화는?"

"아직 못 받았지만……"

상대방은 뒷말을 흐렸다.

분명 아직은 축하 전화를 받지 못했지만 곧 축하 전화가 올 것이라는 암시였다. 3일 전에 두 팀 간의 월드시리즈 5차전이 워싱턴 내셔널스 파크에서 열렸다. 그날 도널드 트럼프 미국 대통령이 멜라니 여사와 함께 내셔널스 파크를 깜짝 방문했지만 워싱턴이 휴스턴에게 7대1로 패했었다.

"조만간 백악관에 들어가실 때 다리에 힘을 주고 자랑스럽게 들어가세요, 마크!"

미국 대통령은 월드시리즈 우승팀 전원을 백악관으로 초청해서 우승 축하 잔치를 열어주는 것이 관행이다.

"우승 트로피는 마크가 지은 어떤 빌딩보다도 훨씬 높은 금자탑이 될 겁니다."

"정말 고마웠어요, 스캇. 당신을 잊을 수 없을 거예요."

"마크, 백악관 다음에는 뉴포트 비치입니다."

상대방은 잠시 머뭇거리다가 대답했다.

"그럽시다."

"마크! 저와 약속한 겁니다."

"나도 뉴포트 비치에 꼭 가보고 싶었는데, 이젠 갈 자격을 얻었으니 꼭 가봐야지요."

"이만 줄일게요, 마크! 축하 전화를 받을 기회를 제가 너무 독점하면 안 되겠지요?"

상대방은 워싱턴 내셔널스 구단주 마크 러너였다. 그의 부친인 테드 러너가 1969년 창단한 몬트리올 엑스포스 구단을 2005년 인수하면서 팀 명칭을 워싱턴 내셔널스로 바꾸었다.

마크 러너는 순자산만 40억 달러(약 5조 원)에 이르는 부동산 재벌이다. 그가 구단주가 된 이후 월드시리즈 우승을 위해 선수들을 적극적으로 영입하여 오늘 창단 이후 첫 우승을 이루어낸 것이다.

마크 러너는 2년 전에 암 진단을 받아 왼쪽 무릎 아래 다리 부분을 절단하는 어려움도 겪었다. 그때부터 그는 월드시리즈 우승에 더 의욕적이었다.

남자는 전화를 끊자마자 누군가에게 또 전화를 걸었다.

"짐! 힘내세요. 저도 안타깝습니다."

"아직까지도 미닛 메이드 파크를 떠나지 못하고 있습니다."

"늘 가까이에서 짐과 애스트로스를 응원하겠습니다."

"……"

상대방은 대답이 없었지만 남자는 계속해서 말했다.

"다 잡았던 경기였는데…… 2회 구리엘이 울린 로코 트레인 기적 소리가 아직도 귓전에 생생한데……."

미닛 메이드 파크는 홈팀 선수가 홈런을 치면 외야 좌측에 있는 소형 기차가 기적 소리를 내면서 움직이며 홈런을 축하한다. 이 기차가 로코 트레인으로 미닛 메이드 파크의 상징이다.

전화기를 통해 거친 숨을 몰아쉬는 것으로 볼 때 상대방은 남자의 이야기를 듣고 있었다. 하지만 아무런 대답도 하지 않았다.

남자는 엷은 미소를 짓고는 전화를 끊었다.

상대방은 휴스턴 애스트로스 구단주 짐 크레인이었다. 그는 단장과 감독을 교체하고 큰돈을 들여 2017년에는 55년 만에 창단 첫 월드시리즈 우승 트로피를 들어 올렸었다.

통화가 끝나자 남자는 또 누군가에게 전화를 걸었다.

"게릿에게 연락해서 인터뷰는 가급적 짧게 하라고…… 참, 인터뷰할 때 회사 모자를 쓰고 하는 것이 어떨까요?"

남자의 말은 지금까지와는 달리 간결하고 힘이 있었다. 그가 자리에서 일어났다. 사람들 틈바구니에 끼어 밖으로 나오면서 누군가에게 또 전화를 했다.

남자가 경기장을 빠져나오자 검은색 레인지로버와 흰색 벤츠가 그를 기다리고 있었다. 선글라스를 낀 젊은 남자가 레인지로버에서 내리더니 자동차 키를 남자에게 건네고는 정중하게 차 문을 닫아주었다. 남자는 차를 몰고 빠르게 경기장을 빠져나갔다.

선글라스를 낀 남자는 뒤에 있던 흰색 벤츠 차량 조수석에 타고 검은색 레인지로버를 바싹 따라 붙었다.

차량 두 대는 앞뒤로 일정한 거리를 유지하면서 휴스턴 남쪽으로 향했다.

전갈의 독

★ ★ ★

윌리엄 P. 호비 공항.

휴스턴 도심에서 8킬로미터 정도 떨어진, 로컬 항공사와 개인 전용기가 주로 이용하는 시립 공항이다.

남자는 레인지로버를 직접 운전하기를 좋아한다. 오늘처럼 차가 막히는 시간에는 차 안에서 전화를 할 수도 있고, 차 안에서의 전화 내용은 외부로 새어나갈 가능성이 없다고 믿기 때문이다.

남자는 아직도 구형 폴더 폰으로 전화를 한다. 스마트 폰도 가지고 다니지만 사진을 찍거나 메일 확인, 데이터를 주고받을 때에만 이용한다. 스마트 폰을 이용하면 누군가에게 자신의 위치를 추적당할 수 있다고 믿기 때문이다.

남자는 차가 막히자 누군가에게 전화를 걸었다.

"브라이언, 방금 끝난 경기 봤지요?"

"예, 스캇. 봤어요."

"양키스가 애스트로스 대신 오늘 경기를 했더라면……"

"……"

상대방은 아무 말도 하지 않았다.

"브라이언, 양키스 선수들이 언제 반지를 끼었지요? 이젠 10년이나 지났네요. 올해도 게릿 콜만 아니었더라면 오늘 경기가 양키스 구장에서 열렸을 텐데…….

"……"

"단장 회의 때 봅시다."

"……"

상대방은 분명 전화기를 들고 있었지만 남자의 말을 듣고만 있었다.

"그럼, 이만."

상대방은 뉴욕 양키스 단장인 브라이언 캐시먼이었다.

뉴욕 양키스는 불과 며칠 전 아메리칸리그 챔피언시리즈에서 휴스턴 애스트로스와 맞붙었다. 양키스는 휴스턴 선발투수인 게릿 콜에게 농락당하면서 역전패하는 바람에 월드시리즈 진출이 좌절되었다.

남자는 또 전화를 걸었다.

"존! 방금 끝난 경기 봤어요?"

"스캇! 봤어요."

"난 오늘 경기를 보면서 2011년 월드시리즈 6차전이 떠올랐어요."

"아하, 예……"

상대방은 뭔가 듣고 싶지 않은 거북스러운 이야기를 들었다는 듯 겸연쩍어 하며 말을 아꼈다.

"그때 우승 트로피를 손 안에 다 쥐었었는데……"

"……"

상대방은 대답하지 않았다.

"워싱턴이 우승했으니 이젠 텍사스네요."

"덕담 고마워요, 스캇."

"존! 단장 회의 때 봐요."

"좋아요, 스캇."

상대방은 텍사스 레인저스 사장 겸 단장인 존 대니얼스였다.

존 대니얼스는 코넬대학교를 졸업하고 28세에 텍사스 레인저스 단장이 된 지 5년 만에 공격적인 선수 영입과 신인 육성으로 팀을 2010년, 2011년 연거푸 월드시리즈에 진출시켰다. 이때 보라스가 추천한 선수들을 많이 영입했다. 2011년 월드시리즈 6차전에서 아웃카운트 하나를 지키지 못하고 역전패했고, 7차전에서 패하는 바람에 월드시리즈 우승에 실패했다. 그때 이후로 텍사스 레인저스는 아직까지 월드시리즈 우승을 한 번도 하지 못한 팀으로 남아 있다.

검은색 레인지로버가 공항에 도착하자 흰색 벤츠가 바짝 뒤따라 붙었다. 잠시 후 선글라스를 낀 남자가 차에서 내리더니 레인지로버로 다가갔다. 그 젊은 남자가 레인지로버 차 문을 열어주자 중년 남자는 천천히 차에서 내려 자동차 키를 건넸다. 2시간 정도 시내를 운전하면서도 단 1초의 오차도 없었다.

남자가 공항 안으로 걸어오자 여섯 명의 남자들이 그에게 반갑게 인사했다. 모두 일사불란하게 움직였다. 탑승 심사를 하던 공항 직원이 남자를 보자 반갑게 아는 체를 했다.

"스캇 보라스! 당신을 존경합니다. 이렇게 만나게 되다니요. 스캇! 당신은 마술사입니다. 제발 내년에도 게릿 콜을 미닛 메이드 파크에서 볼 수 있게 해주세요."

남자는 자신을 한눈에 알아보는 공항 직원에게 엷은 미소를 지을 뿐 아무 말없이 심사대를 통과했다.

이 남자가 바로 미국 메이저리그를 쥐락펴락하는 슈퍼 에이전트 스캇 보라스였다.

보라스는 일행들과 함께 19인승 최신형 걸프 스트림에 탑승했다. 비행기가 활주로에 진입해 속도를 높이자 마치 종이비행기가 바람을 타고 하늘로 날아오르듯이 가볍게 공중으로 날아올랐다. 비행기가 고도를 잡자 마치 엔진이 꺼진 듯이 기내는 조용했다.

각자 안전벨트를 풀고 바에 모였다. 승무원으로 보이는 남자

두 명이 비행기 좌석을 한쪽으로 밀어제치고 바닥판을 들어 올렸다. 그러자 금방 바닥판이 길쭉한 회의 탁자가 되었다. 의자를 옮기자 여덟 명이 마주 앉을 수 있는 회의실로 변했다.

보라스가 가운데에 앉자 그를 중심으로 자리를 잡았다. 무테안경을 낀 말쑥한 40대 남자와 30대 남자를 뺀 나머지 4명은 50대와 60대의 건장한 체격의 남자들이었다.

보라스가 먼저 말을 꺼냈다.

"게릿 인터뷰는 어땠어요?"

"회사 마크가 선명한 모자를 쓰고 인터뷰를 했고요. 그 장면이 거의 모든 방송에 그대로 나왔습니다."

보라스와 마주 앉아 있는 남자가 대답했다.

"오호, 그래요? 잘 되었군요."

보라스의 말이 끝나자 조종석 방향 벽면에 있는 40인치 모니터가 켜졌다. 주황색 유니폼을 입은 한 선수가 인터뷰하는 모습이었다. 사진기자들이 플래시를 계속해서 터뜨렸다. 화면 하단에 '투수 게릿 콜'이라는 자막이 보였다.

게릿 콜은 휴스턴 애스트로스 유니폼을 입고 있으면서도 'B'라는 문양이 선명한 모자를 쓰고 있었다. 그가 쓴 모자는 분명 휴스턴 애스트로스의 분홍색 모자가 아니었다.

"앞으로 어느 팀으로 갈지 저도 몰라요."

기자들의 질문에 게릿 콜은 똑같은 답변을 되풀이했다. 화면엔

'보라스 코퍼레이션 소속 선수'라는 자막도 보였다.

게릿 콜이 쓴 모자는 부채꼴 모양에 중앙에는 'B'라는 이니셜이 선명한 모자였다. 한눈에 그 모자는 보라스 코퍼레이션 모자임을 알 수 있었다.

"일부 신문에는 게릿 콜이 휴스턴 모자가 아닌 보라스 모자를 쓰고 인터뷰한 것은 휴스턴을 떠날 수 있음을 암시한 것이라고 기사를 내기 시작했어요."

그제야 보라스는 만족스러운 표정을 지었다.

"그래, 모두 수고했어요."

보라스는 좀 더 여유로운 목소리로 말했다.

"라이언! 이제 가을야구도 끝났으니 우리도 슬슬 난롯불을 피워야지?"

"예, 사장님. 올해는 땔감이 풍년입니다."

무테안경을 낀 남자가 대답했다.

그는 버클리대학교와 UCLA 로스쿨을 졸업한 변호사로 실제 계약 체결과 연봉 조정 청문 등 법률 업무를 총괄하는 부사장 라이언 루브너다.

잠시 긴장을 푸는 듯했던 보라스가 빠르게 물었다.

"올해 단장 회의 장소는 어디?"

그러자 루브너는 조금 전과 달리 긴장하는 모습이 역력했다.

"메이저리그 사무처 직원들이 입을 꽉 다물고 있어서 아직은……"

말끝을 흐리는 루브너의 모습에서 방금 전과 같은 패기는 찾아볼 수 없었다. 조용히 듣고 있던 나이가 가장 많아 보이는 남자가 끼어들었다.

"아마도 애리조나가 될 것 같아요, 스캇."

"아하, 그래요? 마이크."

"메이저리그 사무국 직원 몇 명이 며칠 전에 애리조나 피닉스로 출장을 갔다는 소식을 들었어요."

"아하! 고생했어요, 마이크."

"올해 단장 회의는 11월 둘째 주에 스콧데일에서 열릴 것 같습니다."

그의 단호한 말에 모두 놀라는 눈치였다.

"며칠 동안 직원들을 피닉스와 인근 도시로 보내 호텔 예약 상황을 체크했는데……"

그는 잠시 말을 멈추고는 차분하게 말을 이어갔다.

"현장 지원팀 직원을 스콧데일로 보내 호텔과 컨벤션 예약 상황을 체크해보았더니, 컨벤션 센터와 객실이 11월 둘째 주에 통째로 이미 예약된 호텔이 몇 군데 확인됐어요. 예약 상황도 비공개로 하는 것으로 볼 때 그곳에서 단장 회의가 개최될 가능성이 높습니다."

"아하, 그렇군. 마이크! 고생했어요. 고마워요."

그는 보라스 코퍼레이션 수석 부사장 마이크 피슐린으로, 새크
라멘토 출신이며 보라스의 고등학교 후배다. 그는 휴스턴 애스트
로스, 클리블랜드 인디언스, 뉴욕 양키스 등에서 유격수로 활약
한 메이저리그 선수 출신이었다. 1985년경 보라스가 그의 연봉
협상을 위임받은 인연으로 은퇴한 후에 줄곧 보라스와 함께 일해
왔다.

"스콧데일! 느낌이 너무 좋아."

보라스는 안도를 한 듯 잠시 숨을 천천히 내쉬고는 말했다.

"아빠! 아니, 사장님! 스콧데일이 왜 느낌이 좋아요?"

맨 끝자리에서 대화 내용을 태블릿으로 정리하던 30대 남자가
끼어들었다. 그는 보라스의 아들임이 틀림없었다.

그 남자는 자신이 말실수를 했다는 것을 알아차리고는 잠시
얼굴을 붉혔지만 보라스는 태연하게 말했다.

"셰인! 스콧데일에는 전갈이 사는 거 아니?"

"전갈이요?"

전갈 이야기는 전혀 뜻밖이라는 눈치였다.

"응. 스콧데일에는 전갈이 있어서 느낌이 좋아!"

보라스는 상대방이 알아듣지 못하는 말을 하고는 흡족한 표정
으로 입가에 미소를 머금었다.

"라이언! 제프! 전갈에 관해 알아요?"

보라스는 마주 보고 있는 두 명에게 차례로 물었다.

"……"

전갈이라는 말에 약간 소름이 돋는다는 듯 두 사람은 잠시 몸을 움츠리고는 아무런 대답도 하지 못했다.

보라스는 차분한 목소리로 전갈을 설명하기 시작했다.

"전갈은 독이 있고 사악한 놈으로 알려져 있지만 알고 보면 아주 영특한 놈이지."

"예엣?"

전갈이 영특하다는 말을 듣고 모두 놀라는 표정이 역력했다.

"전갈은 고생대부터 약 4억 3000만 년을 거의 진화하지 않고 그대로 살아 있는 놈이지요. 한마디로 진화할 필요성을 전혀 느끼지 못할 정도로 완벽해서 살아 있는 화석입니다, 화석. 그만큼 생명력이 강하다는 거죠."

"그래요?"

셰인이 놀라면서도 보라스의 설명에 관심을 갖는 눈치였다.

"사람들이 전갈을 무서워하는 것은 전갈의 강한 독성 때문인데, 그 독은 꼬리 끝에 있는 침으로 전달되지요. 사실 그놈들은 그 침을 잘 사용하지 못해요."

보라스의 설명에 신기한 듯 모두 그의 얼굴을 쳐다보았다.

"그럼 어떻게 독을 사용해요?"

셰인이 물었다.

"전갈의 꼬리 끝에 달린 침은 안으로 구부러져 있어서 독을 쓰려면 몸을 뒤집고 꼬리를 끌어와야 하거든. 그래서 똑바로 있으면서는 침을 쓰기 어려워."

보라스는 손가락으로 탁자에 전갈의 몸통 구조를 그려가면서 설명했다.

"그럼 전갈은 어떻게 먹이를 잡아먹어요?"

셰인이 되물었다.

"전갈은 자신을 보고 놀라는 놈들에게 다가가서 꼬리를 마치 곤봉처럼 휘둘러서 상대를 기절시킨 다음 잡아먹는 거야."

보라스의 설명은 생물 선생님이 학생들에게 전갈을 설명하는 것처럼 자세했다. 지금까지 조용히 설명을 듣던 50대 초반의 남자가 보라스에게 물었다.

"스캇! 그런데 전갈이 사는 스콧데일이 우리에게 왜 좋은 징조죠?"

그가 궁금해했던 핵심을 제대로 물어보았다는 듯 모두가 고개를 끄떡였다.

"제프! 아주 좋은 질문이요."

그는 토론토 블루제이스와 뉴욕 메츠에서 선발투수로 활약했던 부사장 제프 머슬만이다. 그는 하버드를 졸업한 투수였는데 은퇴 후 보라스 코퍼레이션에 합류했다.

보라스는 자리에서 일어나 캔 맥주를 하나 꺼내 컵에 따른 후 한 모금을 마셨다.

"올해는 한 치의 오차도 없이 잘 해서 대박을 터트려야 하잖아요. 다들 알다시피 몇 년 동안 구단들이 단합해서 우리를 슬슬 피하고 온갖 방해를 다 하고 있어요."

보라스의 말에 공감한 듯 모두가 고개를 끄떡였다.

"이번에는 전갈처럼 하자는 뜻이에요. 독침을 사용하지 않고 꼬리를 몽둥이처럼 휘둘러서 상대방을 녹다운 시키자는 말이죠."

그동안 궁금했던 것이 한 방에 해결되었다는 듯 머슬만은 금세 표정이 밝아졌다.

"전갈이 독침을 사용하지 않고 꼬리를 휘둘러 먹이를 잡아먹듯이 우리를 잔뜩 경계하는 구단들 입장을 역이용하자는 말이지요?"

보라스는 이제야 자신의 생각을 완벽하게 이해하는 머슬만이 고맙다는 듯 맞장구를 쳤다.

"바로 그거요, 제프!"

그때서야 모두 보라스가 왜 전갈 이야기를 꺼냈는지 알겠다는 표정을 지었다.

"올해 작전명은 '스콜피언'이다!"

피슐린 수석 부사장이 큰 소리로 외쳤다.

보라스는 조금 전과는 달리 빠르고 경쾌하게 말을 이었다.

"구단들이 올해는 우리를 더 경계할 겁니다. 전갈처럼 한번 해봅시다."

지금까지 보라스 옆에 앉아 조용히 듣고만 있던 남자가 끼어들었다.

"스캇, 올해에는 무엇보다도 속전속결로 끝내야 합니다."

그의 말을 듣자 보라스는 잠시 생각에 잠겼다.

"밥, 좋은 지적이요. 작년에는 브라이스 하퍼 계약이 3월까지 가는 바람에 회사 이미지에도 부정적인 영향을 준 건 사실이니까."

그는 듀크대학교 출신으로 텍사스 레인저스와 뉴욕 양키스에서 외야수와 타자로 활약했던 부사장 밥 브로워다.

"시간을 끌면 구단도 답답하지만 선수들도 목이 타게 마련이고, 팬들도 마음을 돌립니다."

루브너도 속전속결을 강조하면서 브로워의 말에 동조했다. 보라스는 말 한마디 없이 듣고만 있던 남자에게 말을 걸었다.

"돈! 오늘 선발로 나온 워싱턴 선발투수 맥스 슈어저는 대단했어요."

"예, 스캇! 슈어저는 오늘 정말 대단했어요."

"돈, 슈어저는 몸에 무리는 없는 거지요?"

"스캇! 체크했어요. 걱정하지 않으셔도 될 것 같습니다. 이제부터 휴식에 들어가니 특별 관리할 예정입니다."

그는 메이저리그 투수 출신으로 스포츠 심리학을 전공한 부사장 돈 카르맨이다. 그는 투수들의 슬럼프 등 실적 부진에 따르는 심리적인 문제를 컨설팅해주는 업무를 주로 담당한다.

"슈어저의 승부욕은 정말 MVP감이죠."

"난 슈어저의 카우보이 같은 패기와 흥이 마음에 쏙 든단 말이야."

보라스의 말이 끝나자마자 카르맨이 덧붙였다.

"슈어저는 누구도 못 말려요. 워낙 승부욕이 강해서……. 그래서 그에게는 기적이 자주 일어나요."

"돈! 그래도 잘 챙겨 봐요. 슈어저도 나이가 있으니까……."

"알겠습니다, 사장님!"

보라스는 마주 앉은 피슐린을 보면서 물었다.

"마이크! 오늘 경기를 어디서 봤어요?"

"오늘도 여기 모인 부사장들은 미닛 메이드 파크 구석구석으로 흩어져서 경기를 봤습니다. 돈, 제프, 밥은 투수를 집중적으로 관찰하기 위해 포수 뒤편이나 좌측, 우측에서 봤어요. 난 좌익수 뒤편 로코 트레인 부근에서 보았고, 라이언은 1루수, 셰인은 3루수 쪽에 자리를 잡았어요."

"아하! 마이크, 잘 했어요. 가급적 우리는 여러 곳에 흩어져서 경기를 봐야 해요. 그래야 경기를 더 다양한 시각에서 볼 수 있고, 관중 반응도 제대로 살필 수 있으니."

보라스는 피슐린의 말에 만족스러운 표정을 지었다.

"오늘 경기에 대해서는 나중에 다시 이야기하기로 해요. 자, 이제 다들 좀 쉬세요. 난 셰인이랑 이야기 좀 할게요."

모두 자리를 떠나자 직원 두 명이 테이블을 접어서 바닥에 깔고 의자를 원래대로 돌려놓았다.

아버지와 아들

★ ★ ★

보라스가 셰인을 불러 놓고 커튼을 치자 일인용 소파가 두 개 놓여 있는 작은 침실처럼 보였다.

"셰인! 오늘 경기 어땠니? 느낀 점을 아빠에게 말해줄 수 있겠니?"

셰인이 보라스 곁으로 바짝 다가왔다.

"오늘 경기에서 휴스턴 선발투수 잭 그레인키가 던진 공이 정말 놀라웠어요. 큰 경기에 등판해서 그렇게 침착하게 공을 던지는 모습과 민첩하게 수비하는 모습을 보면서 그가 외계에서 온 선수인 줄 알았어요."

"그래, 맞아. 그레인키는 오늘 6회까지는 정말 대단했어. 7회 원아웃에서 비록 렌던에게 1점 홈런을 맞았지만 그 공도 나쁘지 않았어. 다음 타자인 소토에게 볼넷을 내준 것이 문제였지."

그러자 셰인은 궁금한 듯 보라스에게 물었다.

"소토에게 볼넷을 내줬지만 그레인키는 공을 80개 정도밖에 던지지 않았는데 왜 그를 해리스로 교체한 거예요?"

셰인은 휴스턴 감독의 투수 교체가 너무 성급했다는 듯이 물었다.

"해리스는 다음 타자인 켄드릭에게 2점 홈런을 얻어맞아 휴스턴이 역전패하는 빌미가 되었잖아요. 켄드릭이 그리 타율이 좋은 선수도 아니었는데…… 만약 힌치 감독이 그레인키를 교체하지 않았더라면 경기 결과는 어땠을까요?"

셰인은 휴스턴 감독이 그레인키를 너무 일찍 교체한 것이 휴스턴의 결정적인 패인이라고 인식하는 것 같았다. 보라스는 아들의 지적이 흥미롭다는 듯이 들어주었다.

"셰인! 야구에서 '만약에'라는 단어는 없단다."

"……"

"투수나 타자에게 있어 공 1개로 승부가 나는 것이 야구야. 투수는 타자가 전혀 예상하지 못한 구질과 코스로 공을 던져 타자를 잡아야 하고, 타자는 자신이 원하는 공이 들어오면 힘껏 쳐내야 하거든. 잘 치는 선수는 상대 투수로 하여금 자신이 원하는 공을 던지도록 유인한 후 자신이 원하는 공 1개를 노려 때려내야 하는 거다. 그래서 야구가 어려운 거야. 야구 감독에게는 선수를 교체해야 하는 타이밍을 잡기가 정말 어렵지. 선수를 교체하지 않고 경기에서 지면 교체하지 않은 책임을 져야 하고, 너무 일찍 교체해서 패하면 교체한 책임을 져야 하거든."

"아빠 말씀이 맞아요. 감독은 무조건 책임을 지는 자리죠."

"실패한 결과에 대해서는 누군가 책임을 져야 하니까. 셰인! 회사도 똑같단다. 책임은 오롯이 사장이 혼자 져야만 하는 거다. 선택한 결과에 대하여 책임질 줄 모르면 리더가 아니란다."

"예, 아빠!"

"셰인! 살아 있는 동안에는 누구나 선택을 해야 한다. 매순간 어떤 선택을 했느냐에 따라서 그 결과는 다른 거란다. 선택에 대한 책임은 전적으로 자신이 져야 하고……."

"예, 아빠. 명심하겠습니다."

보라스는 아들에게 리더의 선택과 책임에 관하여 알려주고 싶었다.

"셰인! 오늘 경기에서 우리 회사 소속 선수의 활약에 대하여 말해줄래?"

태블릿을 손 위에 올려놓고 셰인이 천천히 설명하기 시작했다.

"워싱턴과 휴스턴에서 뛰는 선수 가운데 우리 회사 소속 선수는 모두 열두 명이고요."

"그런가? 좀 더 구체적으로 말해줄 수 있니, 셰인."

"워싱턴 내셔널스에는 선발투수 스티븐 스트라스버그, 맥스 슈어저가 있고요. 구원투수로는 그렉 홀랜드, 제레미 헬릭슨, 에릭 페레가 있어요. 타자로는 앤서니 렌던, 후안 소토가 있어 모두 일곱 명이 있어요."

"휴스턴 애스트로스에는?"

"선발투수는 게릿 콜, 마무리 투수는 랜스 맥컬러스, 애런 산체스가 있고요. 타자로는 호세 알투베, 가렛 스텁스 등이 있으니, 모두 다섯 명이 있어요."

셰인이 보라스 코퍼레이션과 에이전트 계약을 한 선수들을 꿰고 있다는 사실에 보라스는 약간 놀라는 눈치였다. 보라스는 아들이 대견스러웠지만 태연하게 되물었다.

"우리 선수들 활약에 점수를 준다면……?"

셰인은 잠시 자료를 정리하더니 천천히 대답했다.

"슈어저와 스트라스버그가 워싱턴의 선발투수로서 원투 펀치였고, 공격은 렌던과 소토가 3번, 4번 타자로 수비와 공격을 이끌었다고 할 수 있지요. 슈어저는 10점 만점에 8.5점, 스트라스버그는 9.5점, 렌던은 9점, 소토는 8.5점 정도 될 것 같아요. 휴스턴은 콜이 제1선발투수 역할을 했고요, 호세 알투베도 챔피언시리즈에서는 큰 활약을 했지만 오늘은 다소 부진했어요. 콜은 9점, 알투베는 7점입니다. 특히 내년에 자유계약선수로 풀리는 콜과 스트라스버그, 렌던의 대활약이 아주 고무적입니다."

셰인은 고등학교 시절부터 야구를 했고, 서던캘리포니아대학교를 거쳐 마이너리그에서 선수 생활을 하다가 얼마 전 보라스 코퍼레이션에 합류했다. 둘째 아들 트렌트도 서던캘리포니아대학교를 거쳐 밀워키 브루어스에서 마이너리그 선수 생활을 하다가 현재는 로욜라 로스쿨에 재학 중이다. 셰인은 2루수, 트렌트는 3루수를 맡을 정도로 운동 신경은 남달랐지만 야구선수로서는 큰 성공을 거두지 못한 것이 아쉬웠다.

셰인의 분석대로 워싱턴과 휴스턴 간의 월드시리즈 경기는 보라스와 에이전트 계약을 한 선수들이 경기를 좌지우지했다.

보라스는 마치 수컷 원앙처럼 보였다. 원앙은 부부 금슬의 상징으로 알려져 있지만 사실은 달랐다. 수컷 원앙은 번식기가 되면 특유의 화려한 장식깃으로 암컷들을 유혹해 여러 마리의 암컷들과 짝짓기를 한다. 수컷의 장식깃은 번식기에만 일시적으로 나타나고 번식기가 지나면 다 빠져서 암컷과 별 차이가 없는 모습으로 바뀐다. 그리고 알을 부화시키고 새끼를 키우는 일은 오롯이 암컷 원앙의 몫이다.

보라스는 자신과 에이전트 계약을 체결한 선수들을 각 구단에 보내고, 구단은 그 선수들의 활약 여부에 따라 승패가 좌우된다. 보라스가 꼭 수컷 원앙 같아 보인다고 생각하는 이유다.

"셰인! 너무 늦었다. 아빠도 눈 좀 붙여야겠다."

셰인이 나가자 보라스는 의자를 뒤로 젖히고 잠을 청했다. 눈을 감았지만 잠은 오지 않고 오히려 머리가 더 맑아졌다. 셰인과 대화하는 동안 그가 경기 흐름을 읽는 능력과 보라스 코퍼레이션 소속 선수들에 관해 훤하게 꿰뚫고 있다는 사실이 보라스를 흐뭇하게 했다.

보라스는 2남 1녀를 둔 아버지로서 자녀들과 많은 시간을 함께하지 못한 미안함이 마음 한구석에 남아 있었다.

문득 자신의 아버지인 짐 보라스를 떠올렸다. 아버지 짐은 새벽 4시부터 밤늦도록 농장 일을 했다. 그는 오늘 할 일을 마치고 내일 할 일을 준비해 놓고서야 잠자리에 들 정도로 성실하고 책임감이 강했다.

소들로부터 젖을 짜내는 일, 소들을 들판으로 내몰아 풀을 뜯게 하는 일, 해가 지면 소를 몰고 오는 일, 위생 관리를 하는 일 등 장 일은 끝이 없을 정도로 많았다. 눈을 뜨고 잠자리에 들 때까지 한시도 방심할 수 없을 정도로 해야 할 일이 다양하고 많았다. 그래서 낙농업을 하겠다는 사람을 구하지 못해 자식들에게 대물림되는 것이 관행이었다.

보라스의 어머니는 호기심 많은 어린 아들의 끊임없는 질문에 진지하게 답을 찾아주려고 언제나 애썼다. 그녀는 재치와 지혜로 마을의 분쟁을 슬기롭게 해결하곤 해서 '엘크 그로브의 키신저'라는 별명이 붙어 다녔다.

보라스는 장남으로서 어릴 적부터 아버지의 철저한 준비성을 배웠고, 어머니의 경청과 문제 해결 능력을 가까이에서 지켜봤다. 실패해도 포기하지 않고 끊임없이 시도하는 도전 정신과 철저한 준비성도 부모로부터 배운 것이다. 보라스는 문득 브라이스 하퍼와 론 하퍼, 류현진과 류재천 부자를 떠올렸다.

"함께 꿈을 이루었다!"_브라이스 하퍼와 론 하퍼

2018년 9월 16일 내셔널스 파크.

전반기를 마친 직후에 30개 메이저리그 야구팀은 리그별로 최고의 선수를 선발하여 올스타전을 치른다. 올스타전이 열리기 직전에 각 팀의 홈런 타자 간의 홈런 경쟁이 펼쳐진다. 타자들은 4분 동안 자신이 원하는 투수가 던져주는 공을 때려 홈런 개수로 승자를 가리게 된다. 일종의 홈런 타자들의 파워를 뽐내는 이벤트인 셈이다. 여덟 명의 홈런 타자들이 두 명씩 조를 짜서 4분 동안 때려낸 홈런 개수에 따라 승자를 가리고 패자는 탈락하는 방식이다.

이 홈런 경쟁에서 시카고 컵스 카일 슈와버와 워싱턴 내셔널스 브라이스 하퍼가 결승전에서 맞붙었다.

먼저 타석에 나온 슈와버는 18개의 홈런을 때렸다. 홈런 18개는 13초당 1개씩 홈런을 쳐야 가능한 엄청난 성적이었다. 뒤이어 등장한 브라이스 하퍼는 3분 10초 동안 홈런 10개를 때렸다. 50초 안에 9개의 홈런을 때리지 못하면 우승은 슈와버에게 돌아가는 것이다. 하퍼가 초인적인 힘을 발휘하지 못한다면 승리할 가능성은 희박해 보였다.

하퍼는 끝까지 포기하지 않았다. 440피트를 넘는 대형 홈런을 치게 되면 30초의 추가 시간이 더 주어지는 룰이 있어, 그에게도 실낱같은 희망이 있었기 때문이다. 하퍼는 비거리가 440피트를 넘는 대형 홈런을 2개나 때려내 추가 시간 60초를 더 얻어냈다.

막판에 홈런을 몰아 친 하퍼가 19개 홈런으로 슈와버보다 1개의 홈런을 더 쳐내며 홈런더비에서 우승을 차지했다.

홈런더비에서 타자에게 공을 던져 주는 투수 역할은 대개 소속 팀 선수가 맡는다. 타자 입장에서는 펜스를 넘기기 가장 좋은 코스로 공을 던져줘야 유리하기 때문이다. 하지만 그날 하퍼에게 공을 던져 준 투수는 팀 선수가 아니었다. 진한 구레나룻이 덥수룩한 중년 남자로 한눈에 봐도 야구선수처럼 보이지 않았다.

그는 하퍼의 아버지 론이었다. 라스베이거스 철강 노동자 출신인 그는 틈만 나면 아들과 함께 야구를 했다.

하퍼의 역전 우승으로 워싱턴 내셔널스 홈 팬들은 흥분 그 자체였다. 성조기 문양이 새겨진 배트와 유니폼을 입은 하퍼는 워싱턴 D.C. 팬들의 자긍심을 한껏 끌어올렸다.

홈런더비에서 우승한 후 하퍼는 인터뷰를 했다.

"나는 아버지를 존경합니다. 아버지와 함께 꿈을 이루었죠. 아버지는 나의 영웅입니다."

보라스가 브라이스 하퍼를 처음 만난 것은 그가 고등학생 시질이었다.

뛰어난 야구 자질과 성실함이 몸에 배어 있던 하퍼는 엄격한 아버지의 말에 순종하는 아들이었다. 하퍼는 열일곱 살이 되던 해에 보라스 코퍼레이션과 에이전트 계약을 체결하고, 그해 워싱턴 내셔널스에 입단했다. 그리고 열아홉 살 때인 2012 시즌에 내셔널리그 신인왕을 차지했다.

2018 시즌을 끝으로 자유계약선수Free Agent가 된 하퍼는 자유롭게 다른 팀들과 계약할 수 있었다. 2018년 정규 시즌을 마친 하퍼는 자신의 조건에 맞는 구단을 찾지 못하다가 2019년 3월에야 필라델피아 필리스와 13년 3억 3000만 달러에 계약을 체결했다.

13년이면 만 26세인 하퍼가 39세가 될 때까지 계약한다는 의미였다. 13년간 3억 3000만 달러의 계약을 안긴 것은 바로 스캇 보라스였다. 하퍼의 계약 총금액은 새로운 기록이었다.

연봉 계약을 체결하는 일은 전적으로 에이전트인 보라스의 몫이다. 3월에 개막하는 경기 일정을 감안하면 통상 12월에 계약을 마쳐야 새 팀에서 내년 시즌을 준비할 수 있다. 아무리 늦어도 1월까지는 계약을 마무리해야 하지만 하퍼는 3월 초에야 계약서에 서명을 했다.

하퍼와 같이 실력이 검증된 선수가 그렇게 늦게 계약을 체결하는 경우는 흔치 않은 일이었다. 그것은 당시 선수인 브라이스 하퍼뿐만 아니라 아버지 론 하퍼의 기대치를 충족시키는 데 그만큼 시간이 걸렸기 때문이다.

언론에서는 보라스가 연봉 계약 시기를 최대한 늦추는 벼랑 끝 전술로 구단으로부터 큰돈을 뜯어냈다고 보도하며, 구단 입장에서는 보라스가 '악마'가 아닐 수 없다고 묘사했다.

하지만 보라스는 언론의 혹평에 꿈적도 하지 않았다. 이번 연봉 계약이야말로 하퍼에게는 그동안의 노력에 대한 대가이고 평가였다. 야구선수로서 이번 계약이 그에게는 마지막 기회가 될 수도 있었다. 이런 하퍼와 그 가족의 입장을 생각한다면 자신은 어떤 욕이라도 기꺼이 받아들여야 한다고 믿었기 때문이다.

"알아서 결정해. 뒤에서 응원해줄게!"_류현진과 류재천

2012년 11월 14일 인천국제공항.

류현진이 미국으로 출국하는 날, 류현진의 부모는 함께 출국하지 않았다. 출국 전날 하룻밤을 아들과 함께 지내고 아침 일찍 인천공항까지 차로 데려다줬을 뿐이었다.

스캇 보라스는 LA 다저스와 협상을 하러 온 류현진을 보라스 코퍼레이션에서 처음 만났다. 류현진은 한화 이글스 소속 투수로 포스팅 시스템을 통해 LA 다저스와 새로운 계약 체결을 위해 미국에 왔다.

류현진은 보라스 코퍼레이션 한국 파견 에이전트인 전승환과

단둘이 미국으로 왔다. 자신은 성년이기 때문에 계약도 스스로 결정한다는 것이었다. 중요한 계약은 부모들이 동행하는 것이 일반적이기에 그가 혼자 온 것은 의외였다. 류현진은 큰 덩치에 비해 개구쟁이 같은 해맑은 웃음을 머금고 있었다. 하지만 그 웃음 뒤에는 독립심이 강한 담담함이 엿보였다.

보라스는 에이전트 전승환으로부터 전해들은 류현진과 그의 아버지 류재천에 관한 이야기가 떠올랐다.

류현진의 아버지 류재천은 럭비선수 출신으로 작은아들 류현진과 큰아들 류현수를 데리고 야구장에 자주 갔다. 야구장에서 맛있는 것을 먹는 재미로 따라다니던 두 아들은 점차 야구에 관심을 보이기 시작했다. 작은아들이 큰아들보다 야구에 관심이 더 많았고, 재능도 있었다. 어쨌든 둘은 동네 공원에서 캐치볼을 하는 등 야구와 친숙해졌다.

류재천은 야구선수가 되고 싶어 하는 초등학교 3학년 류현진을 야구부가 있는 초등학교의 감독에게 데리고 가서 테스트를 받게 했다. 감독은 한눈에 류현진의 천재성을 알아보았고 전학을 권유했다. 류재천은 류현진을 바로 그 학교로 전학시켜 야구를 시켰다.

당시 류현진은 몸집은 작았지만 공 던지는 게 남달랐다. 류재천은 한국야구에 왼손투수가 적다는 점을 깊게 생각했다. 그런 점에서 왼손투수가 더 경쟁력이 있을 것이라는 생각에 류현진을 왼손투수로 키우기로 마음먹었다.

류재천은 아들에게 오른손에 끼는 글러브를 사주고는 왼손으로만 공을 던지도록 강요했다. 오른손잡이였던 류현진은 영문도 모른 채 아버지의 말대로 왼손으로 공을 던지기 시작했다.

오른손잡이인 류현진이 왼손투수가 된 사연과 이유였다. 럭비 선수 출신인 아버지가 아들에게 한 첫 번째 간섭이기도 했다.

이렇게 해서 류현진은 아버지의 권유대로 왼손으로 공을 던지고 오른손으로 타격을 하는 선수로 성장하게 되었다. 그는 인천의 야구 명문인 동산중학교와 동산고등학교에 진학해서 순조롭게 야구를 했다.

류재천은 자신의 승합차에 건설용 철재 에이치 빔을 매달아 운동장을 고르거나 눈을 치우며 아들이 운동할 수 있게 도왔다. 집 옥상에는 그물망을 설치하고 전등을 달아 류현진이 야간에도 개인 훈련을 할 수 있는 케이지를 만들었다. 류재천은 이처럼 아들이 야구에만 전념할 수 있도록 자신이 할 수 있는 일을 묵묵히 다했다.

순조롭게 성장하던 류현진에게 뜻하지 않은 시련이 찾아왔다. 류현진이 고등학교 2학년이었던 2004년 왼쪽 팔꿈치 통증을 호소했던 것이다. 류재천은 아들을 데리고 인천에 있는 병원에 다녔지만, 의사는 특별한 이상이 없으니 몇 달만 쉬면 좋아질 거라는 말만 되풀이했다. 하지만 몇 달을 쉬어도 팔꿈치 통증은 계속

되었다.

그러던 중 류현진이 선배가 다니던 서울의 전문병원에 따라 갔다가 집으로 전화를 했다.

"아빠! 나 수술 받아야 한대."

류재천은 그야말로 하늘이 무너지는 것 같았다. 류현진은 서울에 있는 전문병원에서 팔꿈치 인대 교체 수술인 토미 존 수술을 받았다. 그 당시만 해도 투수가 수술대에 올라간다는 것은 더 이상 야구를 할 수 없다는 것을 의미하는 것이었다. 류재천은 아들의 증상을 빨리 알아차리지 못했다는 자책감에 괴로워했다. 이일을 계기로 부모가 너무 나서지 말아야 함을 절실하게 깨닫게 되었다.

수술이 끝난 후 류현진은 인천에서 서울까지 왕복 4시간을 오가며 묵묵히 재활을 시작했다. 긍정적이고 낙천적인 성격인 그는 8개월간의 재활 과정을 극복하고 다음 해인 3학년 때 투수로 복귀했다. 그는 팀 선발투수로서 청룡기 전국고교야구대회에서 동산고가 39년 만에 우승하는 데 활약했고, 대회 우수투수상을 받았다.

하지만 이제는 순탄할 것만 같았던 류현진에게 산 넘어 산이라는 말과 같이 더 큰 시련이 찾아왔다.

류현진은 고등학교를 졸업하고 한국프로야구 신인 드래프트에 참가했다. 당연히 연고팀 지명을 받을 것으로 기대했지만 SK

와이번스는 1라운드에서 류현진을 지명하지 않았다. 게다가 2라운드 1번 지명권을 가진 롯데 자이언츠마저도 그를 외면했다. 어릴 적부터 꿈꾸었던 SK 와이번스 모자를 쓸 수 없다는 사실이 그에게는 수술을 받을 때보다 더 큰 충격으로 다가왔다. 결국 한화 이글스가 2라운드 2번으로 그를 선택했다. 당시 우선 지명권을 가졌던 SK 와이번스와 롯데 자이언츠가 류현진을 지명하지 않았던 것은 그의 토미 존 수술 전력 때문이었다.

결국 류현진은 2라운드 2번 지명권을 가진 한화 이글스에 입단했다. 하위팀이던 한화 이글스에 지명된 것은 오히려 그에게 새로운 기회가 되었다. 그는 데뷔 첫해부터 선발투수로 뛸 기회를 얻었고, 덕장인 김인식 감독과 한국 최고의 투수였던 최동원 투수코치, 그리고 송진우, 구대성 같은 선배 투수들을 만날 수 있었다. 특히 왼손투수인 구대성 선배로부터 배운 체인지업은 지금까지도 그의 최대 무기가 되고 있다.

2006년 류현진은 한국프로야구 역사상 처음으로 데뷔 첫해 신인왕과 최우수선수상을 동시에 거머쥐며 성공적인 프로 생활을 시작했다. 그는 30경기에 등판하여 201.2이닝(2위)을 던져서 18승(1위) 6패, 평균자책점 2.23(1위), 탈삼진 204개(1위), 4사구 54개라는 놀라운 성적을 기록했다.

류현진의 기록 중 4사구 54개는 3.7이닝 당 1개씩 4사구를 내준 아주 좋은 성적이었다. 투수가 타자에게 볼 4개를 던지게 되면 타자는 바로 1루씩 진루하는 것이 야구의 4사구다. 투수가 타자와 정면 승부를 꺼리고 유인구인 볼을 4개 던진 것에 대한 일종의 벌칙이다. 류현진이 유난히 4사구 주는 것을 싫어하는 것은 아버지 류재천의 영향 때문이었다.

류재천은 아들에게 "홈런을 허용하더라도 4사구를 절대 주지 말라"고 강조했다. "4사구를 허용하는 것은 뒤에서 수비하는 7명의 수비수를 허수아비로 만드는 일로, 차라리 정면 승부로 홈런을 맞고 투수가 책임지는 것이 더 낫다"는 지론이었다. 참으로 럭비선수 출신다운 당당함이었다.

류재천이 류현진에게 한 주문은 왼손투수가 되는 것과 4사구를 내주지 말라는 것뿐이었다. 그는 두 가지 주문 말고는 류현진에게 어떠한 잔소리나 주문도 한 적이 없다고 한다.

부모의 역할은 아들을 믿고 뒤에서 그를 지켜보는 일이라는 류재천의 말이 인상적이었다.

농촌 소년의 야구선수 꿈

★ ★ ★

스캇 보라스는 1952년 11월 2일 미국 캘리포니아 주도인 새크라멘토에서 약 24킬로미터가량 떨어진 엘크 그로브에서 4남매 중 장남으로 태어났다. 그의 부모는 800에이커(약 98만 평)의 농장을 운영하는 낙농업자였다. 캘리포니아주 북서쪽에 위치한 엘크 그로브는 건조하고 1년 내내 온화한 기온으로, 연중 우유 생산이 가능한 전형적인 낙농 마을이었다.

보라스의 부모는 새벽 4시에 일어나 밤늦도록 일을 했다. 보라스는 어릴 적부터 학교 가는 일을 빼고는 농장 일을 도와야 했고, 방학 때에는 새벽 5시부터 종일 트랙터 위에 앉아 있어야만 했다. 그는 12시간 일을 마치고 오후 5시부터 그가 좋아하는 야구를 하거나 야구 중계방송을 들을 수 있었다. 그는 농장 일을 하면서도 온통 야구 생각뿐이었다. 틈만 나면 나무에 매단 폐타이어를 배트로 쳤고, 그것으로 야구에 대한 열정을 조금씩 채워갔다.

보라스는 샌프란시스코에 연고를 둔 자이언츠의 열렬한 팬이었다. 하지스와 시몬스가 중계하는 자이언츠 경기가 있는 날이면 도무지 일도 공부도 집중할 수 없었다. 특히 자이언츠와 다저스가 경기하는 날이면 긴장된 나머지 밥도 제대로 먹을 수 없을 정도였다. 다저스와 자이언츠는 뉴욕에서 창단되어 경쟁을 벌이다가, 1958년 똑같이 캘리포니아주로 연고지를 옮긴 100년 넘는 라이벌 관계였다. 하지만 일하는 시간에는 아버지에게 야구의 '야' 자도 꺼낼 수 없었다.

자이언츠와 다저스의 경기가 있던 날이었다.

보라스는 여느 날과 똑같이 12시간 동안 트랙터를 몰고 농사일을 하고 있었다. 그는 아버지 몰래 소형 트랜지스터라디오를 자신의 모자 속에 넣고 끈으로 묶은 다음 트랙터 위에서 몰래 야구 중계를 들었다. 자이언츠가 다저스에게 3점이나 뒤진 상황에서 윌리 맥코비가 타석에 들어섰다.

맥코비는 당시 그가 쳐낸 공이 샌프란시스코 홈구장인 캔들스틱 구장을 넘어 바다에 빠질 정도의 대형 홈런을 쳐냈던 타자였다. 키가 크고, 긴 다리를 쭉 뻗어서 1루 수비를 하는 그는 '빅맥' 또는 '스트레치'라고 불렸다. 그날도 경기가 거의 끝날 무렵 빅맥이 만루 홈런을 때려냈다. 기울던 경기를 그의 홈런 한 방으로 자이언츠가 경기를 역전시켰다.

보라스는 뛸 듯이 기뻤다. 한동안 아무 생각도 할 수 없었다. 시몬스의 중계방송에 몰입한 나머지 트랙터를 되돌려야 한다는 것을 까마득하게 잊고 있었다. 뒤늦게 알아차리고 트랙터 운전대를 급하게 돌렸지만, 트랙터 바퀴가 도랑에 빠지면서 옆으로 넘어지고 말았다,

아무것도 기억해낼 수 없었다. 보라스가 겨우 정신을 차린 것은 무엇인가가 그를 흔들어댔기 때문인데, 바로 아버지의 거친 손이었다.

아버지는 천둥 같은 호통 소리와 함께 보라스의 모자 속에 숨겨진 라디오를 꺼내 바로 박살내버렸다. 농장 일에 집중하지 않고 몰래 야구 중계를 들었기 때문에 보라스는 한마디 변명도 할 수 없었다. 그의 아버지는 근육질의 몸에 불같은 성격으로, 무엇보다도 자신을 속이는 아들에게는 단호했다.

그랬던 보라스가 열여섯 살 되던 해 그의 인생을 바꿀 만한 일이 일어났다. 샌프란시스코 자이언츠 홈구장인 캔들스틱 야구장에서 메이저리그 경기를 직접 보게 된 것이다. 특히 그가 가장 좋아하는 자이언츠 윌리 메이스의 경기를 가까이에서 보게 된 것이 그의 인생 좌표를 바꾸게 되는 계기가 되었다.

메이스의 경기 모습은 너무도 환상적이었다. 공격과 수비는 물론 도루까지 겸비한 그의 경기 모습은 한 동작도 빼놓지 않고 보

라스의 머리와 가슴에 담겼다. 그의 간결한 스윙, 폭넓은 수비, 도루 플레이는 환상적이었다. 특히 경기를 마치고 어린아이들에게 일일이 악수와 사인을 해주는 그의 모습은 보라스의 심장을 멎게 할 정도였다.

윌리 메이스를 만난 그날 이전과 이후의 보라스는 확실히 다른 사람이었다. 야구선수가 되겠다는 보라스의 꿈은 그 무엇도 흔들 수 없을 만큼 견고해졌다.

보라스는 부모님의 농장 일을 도와야 했지만 농장 일을 업으로 삼을 수는 없었다. 그는 본격적으로 야구를 시작하기로 결심했다. 하지만 고등학교를 졸업하면 농장 일을 도울 것으로 기대했던 아버지에게는 말조차 꺼내기 어려웠다.

농장 일은 새벽부터 밤늦도록 해야만 하는 힘든 일이었다. 젖을 짜내는 일, 기구를 소독하는 일, 젖소의 위생 상태를 체크하는 일, 먹이를 주는 일, 먹이를 준비하는 일 등 해야 할 일은 끝이 없었다. 그래서 낙농 일을 하겠다는 사람을 찾기 어려워 아들이 대를 이어서 하는 경우가 많았다.

보라스가 야구를 할 수 있는 길은 대학에 진학하는 것뿐이었다. 그는 부모 몰래 스톡턴에 있는 퍼시픽대학교에 원서를 냈다. 캘리포니아주에서 가장 오래된 사립대학인 퍼시픽대학교에는 야구팀이 있었다. 집에서 가깝고 야구팀이 있는 대학에 진학한다는 일은 그에게는 꿈같은 일이었지만, 부모님에게 등록금을 달라고 말할 엄두가 나지 않았다. 그는 야구 재능을 인정받아 대학으로부터 전액 장학생의 합격 통지서를 받았다. 그의 아버지는 물론 어머니도 그가 장학생으로 대학생이 된다는 것을 이해하지 못했다. 가족 가운데 대학을 다녔던 사람이 한 명도 없었기 때문이었다.

야구선수 꿈을 안고 시작한 대학 생활은 정말 꿈만 같았다. 공부와 병행하며 하루 5시간에서 6시간씩 마음 놓고 야구를 할 수 있었기 때문이다.

보라스는 어릴 적부터 농사일로 단련된 체력을 바탕으로 강한 타구를 날리는 것으로 유명했다. 또한 키 183센티미터, 체중 81킬로그램의 다부진 체구에다 순발력도 남달랐다.

2학년이 되면서 보라스는 대학 야구팀인 타이거스 일원이 되어 본격적으로 야구에 전념했다. 대학 시절 'Scotty B'로 불리던 보라스는 야구팀 주장이 된 3학년 때인 1972년에는 평균 타율이 3할1푼2리나 되는 주축 선수가 되었다. 대학 졸업 후 20년이 지난 1995년에 보라스는 퍼시픽대학교 운동부 명예의 전당 회원이 되기도 했다.

대학을 졸업한 보라스는 마이너리그 세인트루이스팀 선수로 활약했다. 메이저리그 30개 구단은 구단마다 마이너리그팀을 운영한다. 각 구단은 마이너리그에서 선수를 선발하고 육성하여 메이저리그로 공급한다. 마이너리그는 수준별로 트리플A, 더블A,

싱글A, 루키 리그라는 4단계의 리그가 있다. 마이너리그 240팀 7000여 명의 선수들은 그레이하운드 버스로 이동하면서 고액 연봉과 전용기를 타고 이동하는 메이저리그 선수를 꿈꾼다.

보라스도 1974년 카디널스 루키 리그를 거쳐 싱글A 페테르부르그 카디널스에 입단하여 플로리다 스테이트 리그에 참가했다. 1975년에는 타율과 장타율이 뛰어나 리그 우승을 이끌고 올스타 선수로 선발되는 등 야구선수로서 최고의 해를 보냈다. 그 이후 더블A팀으로 승격되어 메이저리거의 꿈을 차곡차곡 쌓아가고 있었다.

호사다마라고 했던가. 보라스에게 뜻하지 않은 시련이 찾아왔다. 무릎 부상을 당한 것이다.

세 번의 관절경 무릎 수술을 하며 재기를 꿈꾸었지만 부상을 극복하지 못한 보라스는 결국 1977년 그라운드를 떠날 수밖에 없었다.

좌절과 새로운 도전

★ ★ ★

샌프란시스코 자이언츠 윌리 메이스와 뉴욕 양키스 미키 맨틀과 같은 선수가 되겠다는 보라스의 꿈은 허무하게 무너졌다. 어릴 적부터 그토록 원했던 메이저리거의 꿈이 무너진 후 막막한 마음으로 하루하루를 보내야만 했다. 장남으로서 농장 일로 고생하는 부모님 생각에 눈앞이 깜깜했다.

세 번째 무릎 수술을 마친 보라스가 병실에서 혼자 눈물을 흘리고 있을 때, 대학 시절 기숙사에서 함께 생활했던 친구 피트 캐럴이 찾아왔다. 그는 퍼시픽대학교 풋볼선수로 활약한 보라스의 둘도 없는 단짝 친구이자 경쟁자였다.

"하늘이 무너져도 솟아날 구멍이 있는 법이야!"

캐럴은 실의에 빠진 친구 보라스를 위로하며 용기를 주고자 노력했다.

보라스는 자신의 야구선수 과정을 되돌아보았다. 마이너리그 시절 외야수보다는 수비 부담이 큰 2루수와 3루수 수비를 전담한 것이 무릎 부상의 원인이 되었을 수도 있다는 생각이 들었다.

보라스는 야구선수는 평소 자신에게 적합한 약을 적절하게 복용하는 것이 중요하다고 생각했다. 그래서 그는 마이너리그 선수 생활을 하면서도 비시즌 기간에는 퍼시픽대학교 약학대학원을 다녔다.

약학대학원은 공부할 분량이 많고 어려워서 기피하는 학문이었지만 보라스는 야구와 함께 약학 공부도 열심히 했다. 1977년에 약학대학원을 졸업하고 약학 석사와 약사 자격을 취득했다.

보라스는 약제의 종류와 효능 등 조제 분야에 관심이 많아 제약회사에서 근무하기를 원했지만 여의치 않았다. 새크라멘토에는 제약회사가 많지 않았기 때문이다.

결국 보라스는 감리교병원 약사로 근무하게 되었다. 약사로 근무하는 동안 의료 분쟁 사례를 자주 목격하면서 법률에 관심을 갖게 된 보라스는 제약회사 사내 변호사가 되려고 퍼시픽대학교 맥그리거 로스쿨에 진학했다. 주간에는 병원 근무를 하고 야간에는 로스쿨에서 공부하는 주경야독으로 약학대학원 졸업 5년 만인 1982년 로스쿨을 졸업했다.

보라스는 로스쿨 시절 노동자와 사용주 사이의 임금 협상 등

실무적인 수업에 관심이 많았다. 특히 메이저리그 선수 연봉조정위원으로 활동하면서 수업 시간에 사례 중심으로 수업을 하는 돈 월릿 교수의 수업에 매료되곤 했다.

보라스는 로스쿨을 졸업한 이듬해인 1983년 캘리포니아주 변호사 시험에 합격하여 변호사가 되었다. 변호사가 된 보라스는 시카고에 있는 로펌에서 일했는데, 병원 약사로 근무한 경력을 인정받아 주로 의료 분쟁 사건을 전담했다.

변호사로 활동하던 보라스에게 또 다른 선택을 해야 할 운명이 조용히 찾아왔다.

클리블랜드 인디언스 유격수였던 마이크 피슐린이 변호사 보라스에게 자신의 연봉 계약에 관한 자문을 구해왔던 것이다. 피슐린은 새크라멘토 출신으로 보라스와 함께 야구했던 고교 후배였다. 보라스는 야구선수 경험을 했던 변호사로서 피슐린의 연봉 계약 협상을 성공적으로 이끌어냈다. 피슐린은 이 연봉 협상을 계기로 은퇴 후 보라스 코퍼레이션에서 선수 개발 부문을 담당하는 부사장으로 일하고 있다.

보라스가 체결한 첫 번째 중요한 연봉 계약은 마이너리그 시절 팀 동료였던 빌 카우딜의 연봉 협상이었다. 그는 루키 리그 시절 페테르부르그 카디널스에서 함께 뛰었던 팀 동료였다. 그는 1984년 오클랜드 어슬레틱스에서 9승 36세이브로 아메리칸리그 구원투수 2위라는 자신의 역대 최고 성적을 냈다. 그런데 어슬레틱스 구단이 그를 토론토 블루제이스로 트레이드했다. 보라스는 그가 연봉 협상 자격이 있다는 것을 이유로 끈질긴 협상을 벌였고, 끝내 연봉 150만 달러 계약을 이끌어냈다. 그의 연봉 금액은 1985년 당시 메이저리그 전체 여섯 번째, 구원투수로서는 두 번째로 높은 고액 연봉이었다. 카우딜도 은퇴 후 보라스 코퍼레이션에서 부사장으로 일하고 있다.

보라스가 피슐린과 카우딜의 연봉 협상을 성공적으로 이끌어냈다는 소문이 퍼지자 많은 선수들이 그를 찾아오기 시작했다. 보라스는 선수들이 구단으로부터 부당한 처우를 받고 있다는 사실을 알고는, 로펌을 그만두고 선수들의 연봉 협상과 조정을 대행하는 에이전트 일에 전념하기로 했다.

당시만 해도 연봉 협상은 구단이 일방적으로 진행하며 선수에게 횡포를 부리던 시절이었다. 선수 입장에서는 연봉 조정을 신청하는 것 외에는 달리 방법이 없었다. 자신의 주장을 대변해줄 변호사도 만나기 힘든 시절이었다.

야구선수 경험을 했고 약사와 변호사인 보라스는 이미 에이전트로서 슈퍼맨이 되어 있었다. 그야말로 그에게 에이전트 분야는 블루오션이었다. 그는 보라스 코퍼레이션이라는 회사를 설립한 후 은퇴한 야구선수들을 채용하여 에이전트 사업을 본격적으로 확장해 나갔다.

노동법의 대가이면서 메이저리그 선수 연봉조정위원이던 자신의 로스쿨 은사인 돈 윌릿 교수도 고문으로 모셨다.

보라스의 에이전트 사업은 그야말로 탄탄대로였다. 그는 메이저리그 선수 연봉 협상의 선례를 새롭게 만들어 나갔다. 야구선수로서 5000만 달러, 1억 달러, 2억 달러, 3억 달러의 계약은 모두 그가 처음 이루어낸 기록이었다. 그는 관행과 기록을 깨트려가면서 선수들에게 많은 연봉을 안겨주었다.

반면에 구단 입장에서는 보라스가 여간 성가신 존재가 아닐 수 없었다. 구단에서 볼 땐 보라스는 선수들을 부추겨서 분쟁을 만들고 구단으로부터 큰돈을 뜯어내는 존재였다. 그가 선수들을 꼬드겨 상상할 수 없을 정도의 큰돈을 구단에 요구한다고 생각했고, 문어발식으로 여러 구단에 오퍼를 하고는 그 사실을 은근히 흘려 서로 경쟁하도록 유발한다고 생각했다. 구단 입장에서 볼 때 그는 나쁜 에이전트였고, 악마와도 같은 존재였다.

그러나 보라스는 구단주가 야구에서 벌어들인 많은 돈은 반드시 야구를 위해 투자되어야 한다고 생각했다. 그것이 그의 변함없는 철학이었다.

보라스는 선수를 부속품처럼 여기는 구단을 상대로는 한 치의 양보나 타협을 하지 않았다. 그는 그야말로 선수 입장에서는 선수들의 가치에 걸맞은 연봉을 챙겨주는 수호천사와도 같았다.

보라스는 메이저리그 선수가 그 자리에 있기까지 얼마나 힘든 과정과 고초를 겪었는지 잘 알았다. 그는 선수 연봉 협상이 단순

한 금액의 문제가 아닌 그동안의 노력에 대한 가치이고 보상이라는 점도 누구보다도 잘 알고 있었다. 그는 또 메이저리그 선수의 연봉은 선수와 그 가족들의 땀과 눈물의 대가이고, 선수와 그 가족들의 평생 자산이라고 생각했다.

보라스가 연봉 협상을 할 때마다 오직 선수만을 생각하면서 그의 몸값에 걸맞은 금액을 받아주려고 최선을 다하는 이유다.

'99번' 코리안 몬스터

★ ★ ★

'한화 이글스 7시즌'

류현진은 99번을 달고 한국프로야구에서 7시즌을 뛰었다. 2006년부터 2012년까지 7년 동안 190경기에 출장하여 1269이닝을 던졌고, 98승 52패, 평균자책점 2.80, 탈삼진 1228개를 기록했다.

이 기록은 류현진이 한화 이글스 소속으로만 7시즌을 뛰며 달성한 기록이다. 그의 주요 기록을 살펴보면 다음과 같다.

• 한 시즌 1백 탈삼진 기록 최연소 달성—2006년 6월 18일 두산과의 경기에서 19세 2개월 24일의 나이로 최연소 시즌 1백 개 탈삼진을 기록했다.

- 정규 이닝 최다 탈삼진 기록 달성—2010년 5월 11일 LG와의 경기에서 정규 이닝인 9이닝 동안 17개의 탈삼진을 기록했다. 종전에 최동원, 선동열, 이대진 선수가 갖고 있던 탈삼진 기록은 16개였다. 이날 상대 LG 선발 타자들은 전원 삼진을 당했고, 류현진은 매 이닝 삼진을 기록했다.
- 29경기 연속 퀄리티스타트 기록 달성—2010년 8월 17일 단일 시즌 23경기 연속 퀄리티스타트를 달성했다. 퀄리티스타트는 선발투수가 6이닝 동안 3점 이하의 자책점으로 막아내는 것으로, 선발투수의 능력을 평가하는 지표다. 류현진은 전년도 시즌 포함 29경기 연속 퀄리티스타트를 달성했다. 이는 비공인 세계신기록에 해당하는 기록이었다.
- 최연소 및 최소 경기 1천 탈삼진 기록 달성—2011년 6월 19일 두산과의 경기에서 153경기 만에 1천 탈삼진을 달성했다. 그의 나이 24세 2개월 25일이었다.

류현진은 국제대회에서도 큰 활약을 했다.

2008년 베이징 올림픽에서 그는 대한민국 국가대표 선발투수로 캐나다와의 경기에서 완봉승, 쿠바와의 경기에서 8회까지 호투하며 승리투수가 되었다. 당시 류현진은 17.1이닝을 던지며 평균자책점 1.04, 탈삼진 13개로 대한민국이 금메달을 따는 데 크게 기여했다.

'LA 다저스 7시즌'

류현진은 LA 거주 교민들의 열렬한 응원을 받으며 99번을 달고 LA 다저스의 선발투수로 활약했다.

첫해인 2013년에는 30경기 등판하여 14승 8패를 기록했다. 2년 차 때인 2014년에도 26경기 등판하여 14승 7패라는 좋은 성적을 올렸다. 보통 첫해에 좋은 성적을 낸 선수라도 2년 차에는 성적이 좋지 않은 것이 일반적이다. 각 팀에서 그 선수에 대한 자료 분석과 연구를 하기 때문이다. 그렇지만 류현진에게는 2년 차 징크스가 통하지 않았다. 2년간 그는 클레이튼 커쇼, 잭 그레인키에 이은 3선발투수 역할을 충분히 해냈다.

특히 2014년에는 호주 시드니에서 열린 개막 경기에서 클레이튼 커쇼의 첫 경기에 이어 류현진이 두 번째 경기에 선발투수로 등판했다. 그는 등판에 앞서 "야구 저변 확대를 위한 일이라면 아프리카에도 가겠다"라는 말을 남겨 야구에 대한 그의 열정을 보여주었다. 호주 개막 경기는 16시간의 비행 시간과 10시간의 시차를 극복해야 하는 모험이었지만 그는 참여했다. 5이닝 2안타 1볼넷 무실점으로 승리투수가 되었다.

그렇게 2년간 맹활약하던 류현진에게 뜻하지 않은 시련이 찾아왔다.

2015년 시즌을 준비하는 과정에서 어깨 통증을 느끼기 시작했던 것이다. 진단 결과 왼쪽 어깨 관절와순 파열이라는 진단을 받았다. 수술을 받겠다는 결정을 내린 후 성공적인 수술이 이어졌지만 그 후로는 자신과의 싸움인 재활을 해야만 했다. 류현진은 그해 10월이 되어서야 첫 캐치볼을 시작할 수 있었다.

수술과 재활을 거친 후 류현진은 2016년 7월 7일 샌디에이고 파드리스전에 출전했지만, 5이닝도 못 채우고 내려오며 6실점 패전투수가 되었다. 그는 다시 부상자 명단에 올랐다.

2017년에는 25경기에 등판하여 5승 9패, 평균자책점 3.77이라는 성적을 냈다. 어깨 수술 이후 재활할 확률이 7%에 불과하다는 통념을 깨고 가능성을 보여준 해였다. 하지만 그는 다시 엉덩이 부상을 당했다.

2018년에는 15경기에 등판하여 7승 3패를 거두었다. 투수가 9회까지 던졌을 때 허용하는 실점을 나타내는 평균자책점이 1.97, 4사구 17개, 탈삼진 89개라는 좋은 성적을 냈다. 그가 그동안의 부상을 극복하고 재기에 성공했다는 모습을 보여주기에는 충분한 기록이었다.

류현진은 6년간 88경기에 출전하여 505이닝을 던지며 36승 25패, 평균자책점 3.33의 기록을 세웠다.

류현진은 부상을 당해도 오뚝이처럼 재기했다.

실제 그는 '오뚝기'라는 회사와 광고 계약을 맺고 '진라면' 광고에 등장했다. 류현진에게 큰 영향을 준 스승인 김인식 감독과 함께 광고에 등장하여 스승에 대한 도리를 보여주기도 했다. 류현진은 이 광고와 관련한 문제로 국내 에이전트와 결별했다.

그 이후 류현진의 국내 에이전트는 류현진의 친형인 류현수가 대표로 있는 에이스펙코퍼레이션이 담당했다. 류현진보다 세 살 많은 류현수는 2010년 미국 뉴저지로 골프 유학을 떠나 6개월 만에 골프티칭 프로 자격증을 취득했다. 그는 동생 류현진이 LA 다저스에서 선수 생활을 하는 동안 함께 생활했다. 그리고 골프 강사로 활동하면서 동생을 지원했다.

류현진의 뚝심

★ ★ ★

"협상 잘 되었어요."

미국에서 걸려온 전화의 첫마디였다.

인천의 한 아파트에 사는 중년 부부는 밤새 불을 밝히고 있다가 미국에서 걸려온 전화를 받고는 기뻐서 어쩔 줄 몰라 했다. 부인은 눈물까지 흘렸다.

"현진아! 잘 되었다니 좋다. 수고했다."

류현진 선수의 아버지 류재천은 언제나 그렇듯 아들에게 칭찬과 격려의 말을 먼저 했다.

"예, 아버지. 다 잘 되었어요."

"몸은 괜찮지? 한국에 오면 맛있는 갈비찜 해놓을게."

류현진의 어머니 박승순은 아들과 통화하면서 눈물을 흘렸다.

"장하다, 현진아. 이제 좀 쉬어라. 잠도 푹 자고."

이들 부부는 아들에게 계약 내용이나 과정에 대해서는 한마디도 묻지 않았다. 마치 아들이 외국 동계 훈련을 다녀오는 여느 때처럼 담담하게 말했다. 사실 부부는 류현진이 LA 다저스와 협상 마지막 날까지 협의가 잘 이루어지지 않아 노심초사했다. 계약 시한 마지막 날에는 집 밖에도 나가지 않고 밤새 아들의 전화를 기다렸다.

류현진은 한국프로야구 한화 이글스에서 7시즌을 마치고 포스팅 시스템을 통해 미국 메이저리그 진출을 원했다. 포스팅 시스템은 미국 메이저리그에 소속되지 않은 해외 야구단 선수가 메이저리그로 진출하는 일종의 '비공개 입찰제'다. 2012년 11월 1일 한화 이글스가 한국야구위원회KBO를 통해 MLB 사무국에 류현진의 포스팅을 신청했다.

MLB 사무국은 11월 2일부터 4일간 30개 구단을 대상으로 비공개 입찰을 받는 포스팅을 진행했다. 당시 포스팅 하한가는 비공개이지만 대략 1000만 달러라는 예측이 우세했다. MLB 사무국에서는 4일 동안 각 구단으로부터 입찰을 받게 되고, 입찰 기간이 종료되면 그 결과를 KBO에 알려준다. 이때 최고 입찰 가격만 이메일로 알려준다. 원 소속 구단은 입찰 가격만 보고 수용할지, 거부할지를 결정해야 한다.

거부할 경우에는 최고 입찰가를 써낸 팀을 밝히지 않고, 그대로 모든 포스팅 절차가 종료된다. 원 소속 구단이 최고 입찰가를 수용할 경우에는 입찰 팀을 공개하고, 최고 가격을 써낸 팀과 포스팅 선수는 개별적인 비공개 방식으로 30일 동안 협상을 진행하게 된다.

류현진에 대한 포스팅 최고 금액은 25,737,737달러 33센트로 예상 하한가의 2.5배가 넘는 높은 금액이었다. 한화 이글스가 이 금액을 수용하면서 LA 다저스와 류현진 사이에 30일 동안 본격적인 협상이 시작되었던 것이다.

포스팅 시스템으로 류현진이 메이저리그 선수가 되기까지의 과정이다.

당시 LA 다저스 이외에도 시카고 컵스, 텍사스 레인저스 등 여섯 개 팀이 입찰 경쟁을 벌였다. 당시 포스팅 금액으로 2000만 달러 이상을 써낸 팀이 두세 팀 있었다고 한다. 그만큼 메이저리그 구단에서 류현진의 가치를 높게 평가했음을 알 수 있다. 만약 계약이 체결되면 LA 다저스가 써낸 포스팅 금액은 전액 한화 이글스가 갖게 된다.

류현진은 그의 에이전트인 스캇 보라스와 함께 12월 9일까지 LA 다저스와 입단 계약 협상을 진행했다.

류현진은 LA 다저스와의 계약 협상에 적극적으로 참여했다. 당시 계약 과정에 참여한 사람은 보라스 코퍼레이션 한국지부장인 전승환이었다. 그는 미국과 영국에서 유학한 후 LG 트윈스 통역을 했다. 추신수를 스캇 보라스에게 소개하여 텍사스 레인저스와 7년 1억 3000만 달러(약 1384억 원)에 계약하는 데 중요한 역할을 한 에이전트다.

2012년 11월 14일 류현진은 국내 에이전트인 전승환과 둘이서 미국 LA로 떠났다. 미국에 도착한 류현진은 LA 다저스 관계자들을 만나 인사를 나누고, 보라스로부터 연봉 협상 과정에 대해 설명을 들었다. 류현진은 협상 기간 중에는 보라스가 운영하는 보라스 코퍼레이션 스포츠 트레이닝 센터에서 하루 3시간씩 훈련하면서 협상 결과를 기다렸다.

협상은 초반부터 난항을 겪었다. 다저스는 그해 FA 최대어인 잭 그레인키를 영입하여 선발진을 강화시켰다. 클레이튼 커쇼, 잭 그레인키, 조시 베켓, 채드 빌링슬리로 선발진을 확정했다. 나머지 5선발 한 명의 후보로도 테드 릴리, 크리스 카푸아노, 애런 하링이 있어 협상의 주도권은 사실상 LA 다저스에 있었다. '보라스가 너무 터무니없는 요구를 한다'라는 내용을 언론에 흘리면서 보라스를 압박했지만, "미국이 아니면 일본으로 갈 수도 있다"라고 하며 보라스는 한 발짝도 물러서지 않았다.

마감 시간이 다가왔지만 류현진은 전혀 서두르지 않았다. 당시 LA 다저스와의 협상은 보라스가 진행했지만, 그 상황을 듣고 중요한 내용은 류현진이 직접 결정했다. 류현진은 협상 조건 가운데 연봉 문제에 관해서는 보라스 의견에 크게 이의를 제기하지 않았다. 보라스의 치밀한 준비와 그의 협상 능력을 신뢰했기 때문이다. 보라스가 협상을 위해 준비한 서류는 거의 100페이지가 넘는 책 한 권 정도의 분량이었다. 당시 LA 다저스는 류현진에게 6년 3000만 달러를 최종 제시했다.

하지만 협상에 있어서 가장 큰 난제는 연봉이 아니었다. 연봉 금액보다는 류현진에 대한 마이너리그 옵션이 포함되느냐 되지 않느냐 하는 게 문제의 핵심이었다.

"마이너 조항이 있으면 그냥 한국으로 돌아가겠다."

류현진은 마이너리그 옵션 계약에는 동의할 수 없다고 강하게 버텼다. 그러자 보라스는 다저스와 협상을 다시 시작했다. 계약 마감 5분 전까지 벌어진 일이었다. 다저스 측과 보라스는 초조했지만 정작 류현진은 계약 내용을 꼼꼼하게 검토하며 문제점을 지적했다. 누군가 협상 종료 시한이 불과 5분밖에는 남지 않았다고 알렸지만, 류현진은 꿈쩍도 하지 않고 오히려 담담했다.

결국 다저스가 류현진의 요구 조건을 다 받아주면서 계약서 작성을 재촉했다. 그때까지 금액에 관해서는 논의조차 되지 않은 상태였다. 보라스는 다저스에 최종적으로 4200만 달러를 요구했다. 결국 계약 마감 시간 30초를 남겨놓고 다저스가 기존 입장인 3000만 달러에서 600만 달러를 양보했다. 이로써 6년 3600만 달러 계약서에 날인하게 되었다.

LA 다저스가 류현진을 영입하면서 지불한 금액은 총 6176만 달러(약 741억 원)다. 포스팅 금액 2573만 달러(약 280억 원), 계약금 500만 달러(약 60억 원), 6년 연봉 3600만 달러(약 290억 원) 이외에도 항공권, 개인 통역 비용, 개인 트레이너 비용 등이 포함된 금액이다. 이렇게 해서 류현진은 KBO에서 MLB로 직행한 첫 번째 선수가 되었다.

계약을 다 마친 이후에야 류현진은 깊은 숨을 내쉬며 바로 한국에 있는 부모에게 전화를 했다.

계약 체결 마지막 순간은 마치 대한민국과 미국의 야구 경기를 보는 것 같았다. 9회말 투아웃 만루 상황에서 투수 류현진이 미국의 강타자를 상대로 멋지게 삼진아웃을 시키는 장면이 연상되었다.

류현진은 마운드 위에서의 배짱을 협상 테이블에서도 멋지게 보여줬다. 마지막 순간까지 류현진이 보인 당당함과 뚝심은 자신이 대한민국 최고의 투수라는 자부심에서 비롯된 것이었다. 그 자부심이 마이너리그에는 절대 내려가지 않겠다는 다짐으로 이어진 것이다. 협상의 귀재 스캇 보라스도 류현진의 뚝심에는 혀를 내두를 정도였다.

LA 다저스는 한국에서 6년 연속 10승 돌파, 최연소 1천 탈삼진 달성, 정규 이닝 최다 탈삼진 기록 등 류현진이 쌓은 실력을 인정했지만, 그것보다는 그의 탁월한 위기관리 능력과 배짱을 높이

평가하여 류현진을 영입한 것이다.

　아들 류현진이 본격적인 협상을 진행하는 동안에도 그의 부모
는 전화 한 번 하지 않고 묵묵히 기다리고 있었다.

뉴포트 비치

★ ★ ★

LA 다운타운에서 가까운 산타모니카 비치와 롱비치를 지나 1번 국도를 따라 남쪽으로 내려오면 뉴포트 비치를 만날 수 있다. 1번 국도는 태평양 바다를 보면서 달릴 수 있는 멋진 해안 도로다. 뉴포트 비치는 태평양에서 불어오는 바람을 발보이반도가 막아주어 바람이 잔잔한 전형적인 해안 도시다.

뉴포트 비치는 애너하임, 오렌지, 산타아나, 어바인과 가까이 있다. 항공기로는 존 웨인 공항을 통해 뉴포트 비치를 방문할 수 있다. 존 웨인 공항은 오렌지카운티 산타아나에 있는 국제공항이다. 애너하임 다운타운과 디즈니랜드에서 가까운 공항으로 개항 초기에는 오렌지카운티 공항으로 불렸다. 1979년 서부극의 대부인 존 웨인이 사망하자, 명칭을 존 웨인 공항으로 바꾸었다. 존 웨인이 서던캘리포니아대학교 출신이었고, 뉴포트 비치에서 말년을 보냈기 때문에 공항의 명칭으로 그의 이름을 넣었던 것이다.

존 웨인 공항은 스캇 보라스에게는 아주 특별한 곳이었다.

로스쿨을 졸업한 1982년 이 공항에서 우연히 한 여인을 만난 것이다. 부동산 에이전트였던 지넷 다이앤 뷰어스였다. 보라스는 지넷의 친절함과 매력에 빠져 3년간 끈질긴 구애 끝에 1985년 그녀와 결혼했다. 보라스는 지넷을 만난 지 6개월이 되어서야 첫 데이트에 성공했다. 돌이켜보면, 캘리포니아 북부 농촌 출신인 보라스의 프러포즈를 뉴포트 비치 출신의 지넷이 선뜻 받아들이지 않은 것은 어쩌면 당연한 것이었다. 보라스는 그녀와 결혼한 후 뉴포트 비치로 이주했다.

캘리포니아 북쪽 새크라멘토에서 뉴포트 비치까지는 약 430마일(약 700킬로미터) 거리이며 자동차로 8시간이나 가야 해서 자주 방문하기는 쉽지 않았다.

보라스는 얼마 전 고향인 엘크 그로브에 다녀왔다. 아버지와 동생을 만나기 위해서였다. 아버지 짐은 아흔 살이지만 여전히 건강하고 유쾌하다. 아버지는 만화영화 주인공인 뽀빠이 같은 팔뚝과 황소처럼 큰 덩치에 어울리지 않게 여전히 농장에서 사람들과 즐거운 시간을 보내고 있다.

남동생 게리 보라스는 스캇보다 나이가 여섯 살이 적었고, 엘크 그로브 고등학교 시절 풋볼선수였다. 그도 1976년 풋볼 장학생으로 퍼시픽대학교에 입학했다. 스캇이 로스쿨을 다닐 때 그는 학부에서 경영학을 공부했다. 게리는 27년간 금융과 부동산 회사에서 간부로 근무하다가 형 스캇의 요청으로 보라스 코퍼레이션에 합류했다. 그는 보라스재단을 맡아 '보라스 베이스볼 클래식'을 주도적으로 운영하고 있다.

보라스 베이스볼 클래식은 캘리포니아주 소재 고등학교 32개 야구팀을 선정하여 경기를 치르는 일종의 고교야구 플레이오프전이다. 캘리포니아에 있는 고등학교를 남부와 북부로 나누어 각 16개 팀씩 32개 팀이 토너먼트 방식의 경기를 치른 후 챔피언을 가린다. 일종의 고등학교 야구팀 최종 리그다.

스캇과 게리는 자신들처럼 어렵게 운동하는 학생들에게 꿈과 희망을 주고, 우수한 고교 선수에게 성장의 기회를 주고 싶어 이 일을 시작했다. 몇 년 전부터는 캘리포니아주뿐만 아니라 애리조나주와 텍사스주에 있는 학교들까지 참여하기 시작했다.

게리와 여동생들은 고향을 떠나지 않고 부모님 곁을 지키고 있다. 모두 엘크 그로브에 살고 있는 것이다. 스캇은 장남인 자신은 고향을 떠났지만, 동생들이 고향을 지키며 부모와 함께 있는 것이 늘 고마웠다. 어릴 적부터 독립심과 끈기를 행동으로 보여준 부모님 덕분에 형제자매가 모두 잘 사는 것도 새삼 고맙게 느껴졌다.

보라스와 제닛은 1녀 2남의 자녀를 두었다. 첫째가 딸 나탈리이고, 아들은 셰인과 트렌트다. 아내 제닛의 영향으로 딸과 아들 두 명은 어릴 적부터 서던캘리포니아대학교USC와 친근하게 지냈다. 결국 자녀 세 명 모두 USC를 졸업했다. 나탈리는 애리조나대학교에서 모델을 했고, USC대학원에서 저널리즘을 전공했다. 셰인과 트렌트는 USC에서 야구선수로 활동했다.

보라스는 두 아들을 위해 차고 아래에 야구공을 쳐낼 수 있는 케이지를 마련했다. 그곳에서 두 아들이 배트로 공을 때리는 소리가 그에게는 가장 아름다운 음악이었다.

보라스는 매년 10만 마일 이상을 여행하며 시즌 중에는 거의 매일 밤 야구장을 찾는다. 그는 야구장을 찾아 경기를 직접 관람하고 선수나 감독, 코치를 만난다. 실적이 부진한 선수에게는 원 포인트 조언과 심리 상태 등을 체크해 부진 원인을 파악해주기도 한다. 고객인 선수에 대한 관찰과 만남은 그가 할 수 있는 가장 중요한 일이다. 그는 이렇게 현장에서 움직이는 프런트 역할을 한다.

제닛 또한 에이전트다. 그녀는 야구선수가 아닌 부동산 매매와 렌트를 대행하는 부동산회사를 운영하고 있다. 그녀는 뉴포트 비치, 어바인, 헌팅턴 비치 등 캘리포니아 남부 지역 부동산을 주로 취급한다.

보라스는 아침 5시에 일어난다. 커피 한 잔과 함께 간단한 아침 식사를 마치면 하루 해야 할 일정을 체크한다. 8시가 되면 평균 60명이 넘는 고객으로부터 밤새 온 비디오와 전화를 확인한다. 보라스는 그들이 보낸 전화나 비디오를 확인하고 개개인의 입장을 살펴본다.

재판 중인 사건에 관하여 보라스의 조언을 구하는 사람도 있듯이, 보라스에게 오는 이메일이나 전화가 반드시 비즈니스와 관계되는 고객에게서만 오는 건 아니다. 몇몇 고객들은 그의 부상이나 생활, 대인 관계, 그리고 자녀에 관한 내용을 보라스에게 문의하기도 한다.

보라스의 점심과 저녁 약속은 늘 꽉 차 있다. 점심을 주로 고객이나 새롭게 스카우트하려는 선수, 혹은 그 가족들과 한다. 스카우터들이 보낸 보고서와 비디오도 꼼꼼하게 챙긴다. 그리고 바로 스카우터에게 이메일로 자신의 의견을 보낸다. 스카우터가 보낸 자료를 면밀하게 분석하여 다른 에이전트가 접촉하기 전에 먼저 접촉해야 하기 때문이다.

오후 3시쯤 뉴포트 비치에 있는 회사로 직접 차를 몰고 출근한다. 그곳에는 75명의 직원들이 근무한다. 전직 메이저리그 선수, 스포츠 과학자, 개인별 트레이너, 나사NASA와 MIT 출신 연구원, 선수 육성 전문가, 트레이닝 리서치 전문가, 스포츠 심리학자 등 다양한 전문가 그룹이 모여 있다. 이들의 업무는 회사와 에이전트 계약을 체결한 선수들의 가치를 최대한 높이는 데 집중되어 있다. 보라스는 중요한 사항에 관해서는 그와 함께 일하는 전문가들의 조언을 먼저 듣는다.

저녁은 5성급 레스토랑에서 주요 고객 선수 또는 가족들과 함께한다. 개인별로 돌아가면서 식사를 하는데 맞춤형 조언을 하는 기회가 된다. 올해는 다른 팀으로 이적하는 것이 바람직하지 않다든지, 가치를 극대화하기 위해 올해는 성적을 높여야 한다든지 하는 조언도 이때 만나서 한다.

일정을 마치고 나면 보라스는 집으로 돌아온다. 집에 와서는 급한 이메일을 확인한 다음, 간단한 답장을 보내고 내일 해야 할 일들의 체크리스트를 작성한다. 보라스는 어릴 때부터 새벽 5시부터 밤늦도록 부지런히 일을 하는 부모님을 보고 자랐기 때문에 여러 가지 일을 빠르게 처리하는 데 익숙하다. 시간이 날 때마다 딸이 쓴 저널을 읽는 것이 가장 큰 휴식이다.

하루 일과를 마치면 소파에 앉아 TV를 켜고 가족 모두 좋아하는 프로를 함께 본다. 모두가 좋아하는 프로는 물론 야구다.

혼자 있을 때에는 피트 캐럴 감독이 이끄는 시애틀 시호크스의 미식축구 경기를 주로 본다. 캐럴은 대학 시절 친구로, 보라스가 무릎 수술 후 좌절하고 있을 때 병실까지 찾아와 위로와 용기를 주었다. 보라스는 그 고마움을 평생 잊지 못할 것이다.

하루 일과가 모두 끝나면 지넷과 둘만의 시간을 갖는다. 방전된 배터리를 재충전시켜주는 꿈같은 시간이다.

협상의 귀재 스캇 보라스

★ ★ ★

뉴포트 비치 다운타운에는 23,000평방피트 대지 위에 강철과 유리로 된 2층 건물이 있다. 바로 보라스 코퍼레이션이다. 이 회사를 설립하고 운영하는 대표가 스캇 보라스다. 그는 2018년 〈포브스〉가 '세계에서 가장 뛰어난 스포츠 에이전트'로 선정했고, 그해 체결한 선수 연봉 총액이 20억 달러에 달했다.

2019년 12월 한 달 동안 보라스 코퍼레이션 소속 메이저리그 여섯 명의 선수에 대한 계약 총액이 10억 3200만 달러(약 1조 2280억 원 상당)다. 이 계약으로 보라스가 벌어들인 수수료(계약 금액의 5%)가 5160만 달러(약 614억 원)다.

2019년 보라스 코퍼레이션 소속 자유계약선수 계약 내용을 보면 다음의 표와 같다.

계약일	성명(보직)	계약 금액(원)	소속
12. 3.	마이크 무스타커스(내야수)	4년 6400만 달러(762억 원)	밀워키 브루어스→신시내티 레즈
12. 10.	스티브 스트라스버그(투수)	7년 2억 4500만 달러(2947억 원)	워싱턴 내셔널스→워싱턴 내셔널스
12. 11.	게릿 콜(투수)	9년 3억 2400만 달러(3870억 원)	휴스턴 애스트로스→뉴욕 양키스
12. 12.	앤서니 렌던(내야수)	7년 2억 4500만 달러(2947억 원)	워싱턴 내셔널스→LA 에인절스
12. 22.	댈러스 카이클(투수)	3년 5500만 달러(660억 원)	애틀랜타 브레이브스→시카고 화이트삭스
12. 23.	류현진(투수)	4년 8000만 달러(952억 원)	LA 다저스→토론토 블루제이스

6명 총 10억 1300만 달러(1조 2000억 원)
에이전트 수수료(5%) 5,065만 달러(602억 원)

보라스 코퍼레이션에는 자회사도 있는데 주로 스포츠 마케팅, 매니지먼트 컨설팅, 법률 지원 등을 하는 회사들이다.

보라스 코퍼레이션은 직원이 모두 137명이고, 에이전트 계약을 체결한 고객이 200명 정도다. 미국 메이저리그 전설적인 선수인 그렉 매덕스(5년 5750만 달러), 케빈 브라운(7년 1억 500만 달러), 알렉스 로드리게스(10년 2억 5200만 달러) 등의 에이전트도 바로 보라스 코퍼레이션이었다.

75명의 직원이 뉴포트 비치의 이 건물에서 근무하고, 나머지 직원은 미국 전 지역과 라틴 아메리카, 아시아 등지에 나가 있다. 보라스 코퍼레이션에서 일하는 직원 중 75퍼센트가 메이저리그 선수 출신이다. 카리브해 지역 선수 출신 10여 명도 고용하여 이들을 통해 현지 스카우트 자료를 얻고 있다. 스포츠 심리학자와 전 나사NASA 컴퓨터 엔지니어 출신이 140여 년의 야구 데이터를 분석하는 프로그램을 개발, 관리하고 있다.

다재다능한 젊은 선수를 얻기 위해서는 구단이 돈을 써야 한다고 믿고 있는 것이 보라스다. 선수들의 최고 연봉은 결과적으로는 야구업계에 도움이 된다고 믿고 있는 것이다. 그는 이렇게 말한다. "알렉스 로드리게스가 2억 5200만 달러 계약서에 서명할 때 모든 어머니들이 아들에게 '배트와 야구공을 꺼내라'라고 말했을 것이다."

6년간 한 구단에 귀속되어 있다가 자유계약선수가 된 선수들의 사실상 마지막이 될 계약에 대박을 터트려주는 건 에이전트로서 어쩌면 당연한 것이다. 그래서 선수 조합의 지지를 받고 있는 그에게 흔히 따라붙는 수식어는 '천사'이고, 반대편에선 그를 '악마'라고 부르는 것이다. 하지만 그에 대한 공통적인 수식어는 바로 '슈퍼 에이전트'다.

보라스 코퍼레이션은 세계 각 지역에서 고등학생 등 아마추어 선수 모니터링과 선수 스카우트도 담당한다. 멕시코 토너먼트에서 15세의 알렉스 로드리게스를, 푸에토리코리그에서는 16세의 버니 윌리엄스를 찾아냈다. 로드리게스와 윌리엄스는 양키스에 다섯 번이나 월드시리즈 우승을 안겼던 최고의 선수들이었다.

2019년 11월 9일 토요일.

아침부터 안개가 낀 뉴포트 비치는 약간 추운 기운을 느끼게 했다. 바다를 낀 해안 도시라 그런지 맑은 날씨일 때와 흐린 날씨일 때가 확연히 달랐다. 해가 뜬 맑은 날씨에는 여유롭고 한가롭지만, 비가 오거나 안개가 낀 날이면 어둡고 을씨년스럽기가 그지없다. 오늘이 딱 그런 날씨였다.

사무실이 모여 있는 다운타운에는 거의 모든 건물에 셔터가 내려져 있고 불이 꺼져 있었다. 사람은 물론 차도 다니지 않는 텅 빈 도시 같았다.

하지만 보라스 코퍼레이션이 있는 2층짜리 건물은 불을 환하게 밝히고 있었다. 그런데 아침부터 빌딩 전체를 밝게 밝히고 있지만 사무실에 근무하는 사람은 무슨 일인지 눈에 띄지 않았다.

9시쯤 검은색 레인지로버가 건물 안으로 들어가는 모습이 보였고, 60대 정도로 보이는 건장한 남자와 늘씬한 중년의 금발 여성이 그 차에서 내렸다. 여성은 남자와 팔짱을 끼고 다정하게 건물 안으로 들어갔다. 건물 안으로 들어온 두 사람을 건장한 중년 남자가 반갑게 맞이했다.

"어서 오세요. 스캇, 지넷!"

"마이크! 준비는 잘 되었지요?"

"예, 스캇!"

"오늘 일은 직원들에게도 당분간 비밀로 해야 합니다."

"걱정마세요, 스캇! 오늘도 저와 빌, 라이언과 제이슨 4명만 사무실에 나왔어요."

"잘 했어요."

"직원들에게 오늘은 사무실 전체를 소독할 예정이라고 사전에 고지해서 아무도 사무실에 나오지 않을 겁니다."

"아하! 잘 했어요. 워낙 어렵게 마련한 자리라서 만반의 준비를 해야 합니다."

보라스 부부는 각자 사무실 이곳저곳을 둘러보면서 담당한 사항을 체크하기 시작했다. 잠시 후 키가 크고 건장한 빌 카우딜과 변호사인 라이언 루브너, 키가 좀 작고 통통한 제이슨 리가 보라스 부부에게 인사했다.

"안녕하세요, 사장님!"

"고생 많아요. 빌! 라이언! 제이슨!"

보라스는 그들에게 반갑게 인사했다.

"제이슨! 이따가 손님들 오면 지하실에 갈 수도 있으니 준비해 두세요."

"예, 사장님! 마이크 피슐린 부사장님이 준비하라는 내용 차질 없이 준비하겠습니다. 그럼 저는 지하에 가 있겠습니다."

"그래요, 제이슨."

"라이언! 1층 쇼룸에 이번에 월드시리즈 MVP로 선정된 스티븐 스트라스버그 사진 잘 봤어요. 아주 잘 보이는 위치에 두었더군요."

"예, 사장님. 월드시리즈 끝나고 바로 준비했습니다."

"고생했어요. 고마워요."

보라스는 준비 상황을 모두 점검하고 나서야 2층 회의실로 갔다. 회의실은 길쭉한 모양의 회의 탁자가 중앙에 놓여 있고, 창문에는 2중 벨벳 커튼, 반대편에는 프레젠테이션과 자료를 보여줄 수 있는 대형 전광판이 놓여 있었다. 이 회의실을 워 룸war room 또는 오벌 룸oval room이라 부른다.

회의실 중앙에는 10시 31분을 알리는 디지털시계가 놓여 있었는데, 이 시계는 시간과 스톱위치 기능이 있어 회의 시작과 동시에 회의 진행 시간을 카운트하기도 한다.

선수들의 연봉 협상이나 조정 협상 과정은 전쟁처럼 치러진다. 준비한 카탈로그와 피피티 자료를 제한된 시간 안에 효과적으로 보여줘야 하기 때문이다. 보라스는 회의 준비를 꼼꼼하게 하기로 유명하다. 그는 준비된 자료를 수십 번을 보고 또 본다. 자료를 보지 않고서도 내용을 모두 외울 정도로 연습을 하는 것이다. 아무리 순발력이 뛰어난 사람이라고 해도 준비한 사람을 이길 수 없다는 것이 그의 신념이다. 철저한 준비와 열정이 바로 그가 연봉 협상이나 청문 절차에서 승리하는 비결이다.

회의실에는 보라스와 피슐린, 카우딜, 루브너가 자리를 잡았다. 보라스가 먼저 말을 꺼냈다.

"다 아시다시피 오늘 12시에 워싱턴 내셔널스 마크 러너 구단주가 이곳을 방문할 예정입니다. 어렵게 방문 약속을 잡았지만……"

보라스는 뒷말을 잇지 못했다.

"솔직히 우리가 뭘 보여줘야 하는지, 함께 오는 사람이 누구인지도 아직 몰라요."

철저하게 준비하는 보라스로서는 좀 답답한 모양이었다.

"구단주가 우리 회사를 방문한다는 것은 우리도 부담스럽지만 구단 입장에서도 부담스런 일이 될 수 있잖아요."

피슐린 부사장이 답답한 상황이지만 지금으로서는 어쩔 수 없다는 듯이 말했다.

"스캇! 점심 일정은 어떻게 되죠?"

루브너 부사장이 조심스럽게 물었다.

"아직……. 사무실 방문 일정 이외에는 확정된 게 없어요. 어렵게 약속을 잡았는데, 구체적인 사항을 묻기가 좀 그래서……"

보라스는 구체적으로 묻지 못한 이유를 설명하면서도 못내 아쉬워하는 눈치였다.

"일단 러너 구단주 혼자 방문하는 것으로 준비하죠. 그리고 동반자가 있으면 그에 따라 탄력적으로 대응하는 것으로 합시다."

피슐린이 조심스럽게 말했다.

"구단주가 우리 회사를 방문한 사례가 거의 없었어요."

카우딜 부사장이 조심스럽게 끼어들었다.

"제가 보기엔 워싱턴 사장인 마이크 리조가 함께 올 것 같습니다. 스트라스버그와 렌던. 문제가 있어서요. 리조는 단장을 겸하고 있잖아요. 그는 에인절스에서 선수 생활을 했지만, 주로 애리조나 다이아몬드백스에서 스카우팅 업무를 많이 한 분이라서…… 아마 두 선수의 에이전트인 우리 회사에 와서 두 선수와 관련된 정보를 확인하려고 할 겁니다."

피슐린과 카우딜의 말을 듣고 있던 보라스가 말했다.

"빌! 워싱턴이 스트라스버그와 재계약을 해야 할 만한 이유가 무엇이죠?"

"제 생각에는 이번에 워싱턴이 우승 반지를 끼게 된 것은 스트라스버그와 슈어저라는 선발투수가 버텨줘서 가능한 것입니다. 월드시리즈 MVP를 받은 스트라스버그를 구단이 반드시 품어야 내년에도 가능하고, 슈어저 효과도 볼 수 있다고 봅니다."

투수 출신인 카우딜이 말했다.

"마이크 생각은 어때요?"

"제 생각에는 워싱턴 입장에서는 지난해 브라이스 하퍼를 막판에 놓친 선례도 있어서 앤서니 렌던에게도 관심을 보일 수 있다고 봅니다."

"라이언 생각은 어때요?"

"두 분 말씀에 공감하고요. 이번에 자유계약선수로 풀리는 투수 가운데 콜과 스트라스버그를 노리는 팀이 많을 겁니다. 많은 팀이 콜을 선호하겠지만 그에 못지않게 스트라스버그를 노리는 구단도 많을 겁니다. 이 점을 부각시켜 스트라스버그를 워싱턴이 잡도록 하는 게 좋을 듯싶습니다."

보라스는 표정 변화 없이 세 명의 설명을 차분하게 들었다.

"좋은 의견입니다. 마이크! 워싱턴 3루수 앤서니 렌던에 대하여 좀 더 구체적으로 말씀해주세요."

보라스가 타자 출신인 피슐린에게 물었다.

"렌던이 훌륭한 타자임에는 틀림없지만, 워싱턴이 아무리 돈을 많이 풀어도 사치세 등을 고려하면 스트라스버그와 렌던을 모두 붙잡기는 벅찰 것 같습니다. 현재 워싱턴에는 3루수 자원이 꽤 있기도 하고요. 그래서 전 이번에는 스트라스버그에만 집중하는 것이 좋을 것 같습니다."

"아하, 그렇군요. 빌 생각은 어때요?"

"저도 선택과 집중을 강조한 마이크 의견에 공감합니다."

"라이언 생각은 어때요?"

"스트라스버스에게 몰입하게 하는 방안이 현실적이고 좋은 것 같습니다. 고객에게 한 가지만을 보여주고 다른 사람들도 그 물건에 관심을 갖고 있어서 곧 팔릴 수도 있다는 심리적 압박을 고객이 받게 될 때가 최적의 구매 포인트라는 마케팅 전략을 사용하는 거죠. 광고업계에서 많이 쓰는 수법입니다."

"우와! 소비자 구매 광고 심리까지! 라이온 킹은 역시 다르네요."

과묵한 카우딜이 라이언(Ryan)을 라이온(Lion)으로 비유하자 모두 한바탕 웃음을 터트렸다.

"오늘 여러분의 의견을 잘 들었습니다. 일단 러너 구단주와 리조 사장이 참석하는 것으로 준비합시다. 아, 한 가지 빠트렸군요. 오늘 방문하는 손님들이 지하에 있는 데이터 룸을 보고 싶다고 하면 어떻게 해야 할까요? 러너 구단주가 리조 사장과 동행한다면 틀림없이 데이터 룸을 보고 싶어 할 것 같아서요."

잠시 침묵이 흘렀다.

"전 보여드려도 괜찮다고 생각합니다. 구단에서도 대충은 짐작하고 있을 텐데 여기까지 어렵게 온 분들에게 보여주지 않는 것도 좀 그렇고요."

"마이크는 공개해야 한다는 의견인 것 같고, 빌은 어때요?"

"전 좀 신중하게 해야 될 것 같습니다. 구단들도 다 전산 자료실을 가지고 있지만, 우리 회사 수준과는 차이가 있는 걸로 알고 있습니다. 우리 시설을 공개하면 구단들이 우리 회사와 같은 규모로 전산 자료실을 만들게 될 텐데, 우리만의 경쟁력을 잃게 될까 걱정이 돼서요."

"아, 빌은 공개에 대해 반대 의견이고, 라이언은 어때요?"

"전 공개하는 것도 괜찮다고 생각합니다. 구단마다 우리 회사를 벤치마킹해서 전산실을 강화한다고 해도 우리를 따라올 수 없다는 점을 알게 될 겁니다. 그렇게 되면 오히려 차별화가 될 수 있어서 우리에게 긍정적인 효과가 있을 것 같고요. 결국 데이터 싸움에서 우리가 우월할 수밖에 없다는 것을 보여주면 장기적으로 우리에게 나쁘지 않을 것 같아서요."

"찬성한다는 뜻이군요. 빌의 반대 의견도 설득력이 있지만, 구단이 우리처럼 전체 구단의 자료를 다 관리할 수는 없으니 차별화는 될 수밖에 없을 것 같아요. 마이크! 일단 제이슨에게 데이터 룸을 공개할 준비는 시켜두세요."

"예, 스캇!"

보라스는 이렇게 중요한 결정을 할 때는 사전에 반드시 회사 간부와 전문가의 의견을 충분히 들었다. 또 회의를 할 때는 세 가지 원칙이 있었다.

첫 번째 원칙은 '3*30 원칙'이다

회의할 때 참석자 각자의 1회 발언은 3분, 회의 시간은 30분을 넘지 않는다는 원칙이다. 보라스는 사무실에서 하는 업무보다는 외부 업무가 많고 회의에서 결론을 내리기보다는 다양한 의견을 공유하는 것이 중요하다고 생각했다. 또한 회의는 참석자들의 소중한 시간을 빼앗는 것이기 때문에 길어서는 안 된다고 생각했다. 그리고 이 원칙은 참석자들의 회의 준비를 보다 철저하게 하는 목적도 밑바탕에 깔려 있었다.

두 번째 원칙은 '짝수의 원칙'이다.

회의할 때는 참석자의 수를 짝수로 한다는 원칙이다. 전체 참석자 수를 짝수로 구성하게 되면 보라스 자신을 제외하고 홀수가 된다. 이것이 중요한 이유는 자신을 제외한 참석자들의 의견 중 다수 의견을 쉽게 알 수 있기 때문이다. 예컨대 오늘처럼 자신을 포함하여 4명이 모이면, 3명의 의견 가운데 다수 의견을 쉽게 파악할 수 있다. 만약 구성원이 모두 5명이면 2대2로 나뉠 수 있지만, 4명으로 구성되면 3대0 또는 2대1로 다수 의견이 쉽게 드러난다. 이러한 원칙은 다수 의견을 파악할 수 있는 동시에 소수 의견을 낸 참석자가 스스로 자신의 주장을 되돌아볼 기회가 되기도 한다.

세 번째 원칙은 '경청 우선의 원칙'이다.

회의 참석자들의 의견을 우선적으로 경청한다는 원칙이다. 보라스는 참석자의 의견을 듣고 바로 자신의 의견을 드러내지 않는다. 상대방의 견해를 충분히 청취하는 것이다. 보라스가 자신의 의견을 바로 드러내지 않는 이유는 상대방이 자신에게 하고 싶은 말을 충분히 할 수 있게 하기 위함이다. 그리고 회의 도중의 논쟁을 피하기 위해서이기도 하다. 사장인 보라스 자신이 먼저 의견을 내면 참석자들은 그 의중에 맞는 의견만을 찾으려 하기 때문이다.

결정은 숙고의 시간을 갖고 보라스 자신이 결정한다.

이러한 회의 원칙은 감정을 배제하여 좋은 결정을 내리는 데 도움이 된다. 논쟁을 피할 수 있어서 직원 간의 인간관계가 편안해질 수 있고, 다양한 의견을 객관적으로 파악할 수 있게 한다.

보라스의 이러한 배려와 원칙이 직원들을 오래 근무하게 하고, 회사가 지속 성장하는 비법이 아닐까. 마이크 피슐린과 빌 카우딜이 회사 창업 초기부터 30년 넘게 보라스와 함께하고 있는 것도 이런 배려 때문일 것이다.

12시 정각.

흰색 캐딜락 에스컬레이드 한 대가 미끄러지듯이 보라스 코퍼레이션으로 들어왔다. 현관에는 보라스와 피슐린 부사장이 손님을 기다리고 있었다. 차에서 머리를 짧게 깎은 덩치가 큰 60대 후반의 남자와 키가 큰 50대 후반의 남자가 내렸다.

"어서 오세요, 마크!"

차 문을 열고 나온 남자는 워싱턴 내셔널스 구단주 마크 러너였다.

"스캇! 반가워요. 초청해주셔서 감사합니다."

러너는 보라스에게 다가가 가볍게 그를 껴안았다.

"이쪽은 저희 회사 마이크 피슐린 부사장입니다."

"아하, 피슐린! 이름은 많이 들었어요. 뵙게 되서 영광입니다."

"이쪽은 마이크 리조, 사장 겸 단장입니다."

러너가 함께 온 리조를 소개하자, 그때서야 보라스와 피슐린은 리조와 반갑게 악수했다. 꼭 오랜만에 만난 친구 사이 같았다.

"마크! 안으로 들어가시지요!"

보라스가 러너 구단주 바로 앞에서 천천히 그를 건물 안으로 안내했다.

"마크! 백악관의 트루먼 발코니에서 이루어진 트럼프 대통령의 타이타닉식 환영 행사는 아주 인상적이었어요. 대통령이 얼마나 기다렸으면 경기가 끝난 지 5일 만에 내셔널스를 백악관에 초청했겠어요!"

"그야, 감사했죠."

보라스가 천천히 걷자 러너는 오히려 걸음을 재촉했다.

"마크! 저보다 다리에 힘이 더 있군요."

이 말을 듣고 러너는 더 빠른 걸음으로 걸을 수 있음을 과시하듯 빠르게 몇 발자국 떼는 시늉을 했다.

"마크. 월드시리즈 MVP를 차지한 스트라스버그입니다."

트로피를 들고 있는 스트라스버그의 사진을 스포트라이트로 밝히고 있어 그 사진을 보지 않고는 지나칠 수 없었다.

"스트라스버그는 참 자랑스러워요."

러너는 스트라스버그의 사진을 쳐다보고는 말없이 그냥 지나쳤다. 마치 보라스의 꾐에 절대로 넘어가지 않겠다는 경계심 같았다.

현관을 통과하자 야구공으로 장식된 중앙 홀이 보였다. 보라스 코퍼레이션에서 기자회견이나 사진을 찍을 때 배경이 되는 홀이었다.

"스캇! 여기 장식된 공이 몇 개나 되죠?"

뜻밖의 질문에 보라스는 당황한 듯 어깨를 으쓱해 보였다.

"아, 제가 매일 보지만 공이 몇 개인 줄은 단 한 번도 생각해보지 못했네요."

보라스는 옆에 있는 피슐린을 쳐다보았지만, 그도 모른다는 눈치였다.

"마크! 역시 큰 사업가는 다르십니다. 우리는 매일 보면서도 공이 몇 개인 줄 몰랐네요. 누구도 공이 몇 개인지 의문을 갖는 사람도 없었고요. 제가 직접 세어보고 따로 보고를 드리겠습니다."

보라스가 '보고'라는 말을 쓰자 러너는 기분이 좋은 듯 처음으로 미소를 지었다.

"마크! 저 많은 공들은 똑같은 공이지만 보는 사람마다 달리 보이지요. 딱 공 하나가 유별나게 보일 겁니다."

그 말에 러너도 공이 있는 정면을 한동안 응시했다.

"똑같은 공이지만 달리 보이는 공 한 개가 바로 야구라고 생각해요."

"스캇! 무슨 뜻인지?"

"야구는 공 한 개로 승부를 가리는 운동입니다. 투수나 타자도 자신에게 맞는 공 한 개를 어떻게 처리하느냐에 따라 투수는 아웃을, 타자는 홈런을 치게 되는 것이죠. 그리고 팀은 승패가 좌우되는 거고요!"

보라스의 설명에 공감한다는 듯 러너가 고개를 끄떡였다.

"선수도 마찬가지입니다. 그 팀에 꼭 맞는 선수가 있고, 그 선수의 역할이 팀에 매우 중요하죠. 그리고 선수에게 잘 맞는 팀을 찾아주는 것이 바로 제 역할입니다."

러너는 그 말이 끝나자마자 말을 돌렸다.

"스캇! 우리 마이크 리조 사장이 이 회사 데이터 룸에 관심이 있는데……"

그 말을 하고는 옆에 있는 리조를 쳐다보자, 그는 미안한 듯 약간 얼굴을 붉혔다. 러너는 보라스의 비지니스에 넘어가지 않겠다는 의지가 엿보였다.

"당연히 여기까지 오셨는데 보여드려야지요. 좀 더 둘러보시고 보여드릴까요?"

"아, 미안해서 어쩌지요? 회사 일로 급히 워싱턴으로 돌아가야해서요."

러너는 데이터 룸을 먼저 보여달라는 듯 시계를 보면서 말했다.

"마크! 이렇게 바쁘신데 뉴포트 비치까지 오시고…… 정말 감사합니다. 마이크! 준비하세요."

피슐린이 밖으로 나가자 카우딜이 들어왔다.

"마크! 우리 회사 빌 카우딜 부사장입니다."

"아하! 빌 카우딜 부사장님! 만나서 반갑습니다. 오클랜드 어슬레틱스 시절 대단했지요. 저도 열렬한 팬이었습니다."

리조와 카우딜이 반갑게 인사를 나눴다.

"빌! 이번 FA시장에 나온 투수 중에 누가 최고예요? 콜? 스트라스버그?"

러너는 선수 이름을 열거하면서 카우딜에게 물었다. 러너의 돌직구 같은 뜻밖의 질문에도 카우딜은 당황하지 않고 차분하게 대답했다.

"글쎄요! 투수는 워낙 예민한 역할이라서 딱 누구라고 말씀드리기가 어렵지만, 솔직히 스트라스버그를 탐내는 구단이 의외로 많을 겁니다."

"왜 그렇죠?"

"기복이 가장 적은 투수이기 때문이죠. 그만큼 자기 통제를 잘하는 선수라는 말이죠."

카우딜의 간결하면서도 명쾌한 이유를 들은 러너와 리조는 더이상 아무것도 묻지 않았다. 보라스는 카우딜의 대답이 루브너가 언급한 광고업계의 최적의 구매 포인트 이론을 응용한 것임을 금방 알아차렸다.

10여 분이 지나자 피슐린이 돌아왔다.

"스캇, 데이터 룸으로 가시지요!"

데이터 룸은 지하 1층이지만 내부는 깨끗하고 환기가 잘 되어 있어 쾌적했다.

"우리 데이터 룸을 책임지고 있는 제이슨 리입니다."

"제이슨 리입니다. 반갑습니다."

리조가 반갑게 아는 체를 했다.

"나사에서 근무하셨죠?"

"예, 존슨 스페이스 센터 데이터 관리실에서 근무했었습니다."

그러자 러너가 끼어들었다.

"마이크, 서로 구면이신가요?"

"아닙니다. 초면인데 미항공우주국 출신이 이 회사 데이터를 관리한다는 것은 모든 구단이 다 아는 사실입니다."

"데이터 룸을 외부인에게 공개하기는 오늘이 처음입니다. 저희 직원들도 함부로 출입할 수 없는 곳이죠. 브리핑 좀 해주시죠, 제이슨!"

보라스가 브리핑을 재촉했다. 데이터 룸에 들어오자 급한 약속이 취소된 것처럼 러너는 눈에 띄게 느긋해졌다.

"저희 데이터 룸에는 야구 경기가 시작된 이래 열린 모든 경기의 데이터를 다 관리하고 있습니다. 만약 이 순간에 어디에선가 야구 경기를 하고 있다면 경기가 끝나고 한 시간도 지나지 않아 모든 자료가 이곳에 저장된다고 보시면 됩니다. 또한 만약 이 건물에 누군가 침입하거나 화재 등 재난 상황이 발생하면 자동으로 차단되어 데이터를 보호할 수 있는 시스템이 24시간 작동되고 있습니다.”

제이슨 리의 설명에 러너와 리조는 믿기 어렵다는 눈치였다.

“메이저리그 시즌 중에는 경기가 열리는 시간이면 거의 실시간으로 자료가 수집, 관리됩니다. 경기를 모니터링하여 데이터가 분류, 관리, 저장되는 것이죠.”

러너는 믿을 수 없다는 표정을 지으며 말했다.

“우리도 마이크 리조 사장이 단장으로 온 2009년부터 빅 데이터 관리를 알차게 하고 있지요!”

러너는 워싱턴 내셔널스도 데이터 관리를 잘하고 있음을 은근히 내비쳤다.

“마크! 모든 구단들이 몇 년 전부터 통계 자료를 실전에 적용하는 세이버메트릭스를 활용하고 있지만 우리와는 차원이 달라요. 구단들은 자신이 속한 지구나 리그만 본다면 우리는 미국은 물론 중남미, 한국, 일본, 대만까지 다 봐요. 퍼즐 조각을 전부 다 맞춰야 완전한 모양을 알 수 있듯이 퍼즐 조각 몇 개로는 그림을 정확하게 알 수 없는 것이죠.”

보라스의 간결한 설명에 아무도 토를 달지 않았다. 보고 싶은 것은 다 보았다는 듯 러너가 밖으로 나섰다. 시계는 오후 1시를 가리키고 있었다. 모두가 현관까지 마중 나와서 러너와 리조를 배웅했다.

“스캇! 오늘 귀한 것을 보여줘서 고마웠어요.”

"마크, 귀한 시간을 흔쾌히 내주셔서 감사해요. 야구공 개수가 몇 개인지 알게 해줘서 잊지 않을게요. 그런데 마크! 혹시 야구공을 몇 개로 하는 게 좋을까요? 행운을 주는 숫자를 아시면 제게 팁을 좀 주세요."

"하하하. 스캇은 정말 유쾌한 사람입니다. 자주 만나고 싶네요!"

"마크! 내셔널스 파크로 초청하시면 언제든 달려가겠습니다."

"그러면 시즌 전에 한번 초청할게요."

"마크! 초청을 기다릴게요."

러너와 리조가 탄 차량이 건물을 완전히 빠져나갈 때까지 보라스는 손을 흔들고 있었다.

"스캇! 야구공이 몇 개인 줄 정말 모르셨어요?"

피슐린이 궁금한 듯 묻자 보라스는 살짝 미소를 지으며 대답했다.

"사람은 누구나 칭찬해주면 좋아해요. 그리고 너무 많이 아는 사람은 늘 경계하지요. 직접 보셨다시피, 자신의 통찰력을 알아주니 러너가 좋아하잖아요. 그런데 마이크는 왜 야구공 개수를 모른 체했어요?"

"사장님이 모른다고 말했는데 제가 아는 체할 수는 없잖아요."

순간 모두 손뼉을 치면서 한바탕 웃었다. 잠시 후 지넷의 차가 현관 앞으로 들어왔다. 마크 러너가 부인과 함께 왔으면 지넷이 러너의 부인을 응대하려고 부근에서 기다리고 있었던 것이다.

"고마워요."

"오늘 잘 되었지요?"

"물론. 회의 마치고 바로 집으로 갈게요."

지넷은 보라스에게 가볍게 포옹을 하고는 밖으로 나갔다.

오벌 룸 회의

★ ★ ★

"자, 그럼 지난번에 예고한 대로 바로 회의를 시작합시다."

보라스의 말에 모두 2층 회의실로 올라갔다. 마이크 피슐린, 라이언 루브너, 빌 카우딜 세 명이 참석했다. 모두 자리에 앉자 벨 벳 커튼으로 창문을 가리고 회의를 시작했다.

"자, 그럼 시작할까요? 라이언 부사장이 먼저 발표해주세요."

미리 준비한 자료를 화면에 띄워 놓은 루브너가 회의실 중앙에 있는 전자시계를 30분으로 맞추고 타이머를 눌렀다.

시간은 0초를 향해 숫자가 점점 낮은 숫자로 변하기 시작했다.

"자, 그럼 지금부터 2020년 메이저리그 단장 회의와 윈터 미팅을 대비한 전략에 관해 간략히 보고하겠습니다."

스콧데일에서 열리는 단장 회의와 샌디에이고에서 열리는 윈터 미팅에 대비한 회사 차원의 전략을 브리핑하기 시작했다. 루브너가 설명을 마치자 보라스가 먼저 말했다.

"라이언! 올해 우리가 취할 핵심 전략이 무엇이죠?"

"예. 전략의 핵심은 두 가지입니다. 하나는 지난번에 비행기 회의에서 말한 대로 '전갈 작전'이고요. 또 하나는 '속전속결' 전략입니다."

루브너는 명쾌하게 두 가지로 요약했다.

"속전속결로 처리하는 방안과 전갈 작전이 어떻게 조화를 이룰 수 있을까요?"

카우딜이 물었다.

"글쎄요. 생각해보지 못했습니다만……"

루브너는 카우딜이 던진 뜻밖의 질문에 당황하며 머리를 긁적거리고 나서 카우딜에게 물었다.

"빌! 생각해둔 방안이 있어요?"

"지난번에 설명한 전갈 작전은 독을 무서워하는 상대방에게 다가가서 독은 쓰지 않고 꼬리를 몽둥이처럼 휘둘러 상대방을 기절시킨다는 거였죠. 올해에는 계약을 속전속결로 마무리해야 하니 두 가지 전략을 조화롭게 요약하면 좋을 것 같아서요. 결국 우리가 전갈이고, 전갈의 독을 겁내는 것이 구단이라면 어떻게 전갈이 꼬리를 방망이처럼 잽싸게 휘둘러 상대방을 때려눕히느냐 하는 것만 남았다는 말이죠."

카우딜은 자신이 질문한 배경과 이유를 쉽게 설명했지만 명쾌한 해답은 제시하지 못했다. 발표자인 루브너가 카우딜의 말을 요약하듯이 말했다.

"이렇게 정리를 해보면 어떨까요? 야구에서 투수는 수비와 공격을 동시에 하는 유일한 포지션입니다. 투수는 자기 팀에서는 수비수 역할이지만 상대팀에서 볼 땐 공격수 역할을 한다고 할 수 있기 때문이죠."

"투수는 수비수로만 생각하고 있었는데 공격수라는 것은 처음 듣는 말인데요?"

메이저리그 타자 출신인 피슐린이 묻자 루브너가 대답했다.

"투수는 상대팀 타자를 상대로 공격적으로 공을 던집니다. 상대방이 공을 치지 못하도록 아주 공격적으로요. 반면에 투수가 상대팀의 공격을 막아내는 것은 투수가 속한 팀에게는 반격을 할 수 있는 전환점이 되잖아요. 투수가 실점을 많이 하게 되면 공격도 그만큼 위축될 수밖에 없어요. 그래서 투수는 수비수이면서 동시에 공격수라고 한 겁니다."

변호사인 루브너가 투수의 역할에 관하여 전혀 새로운 관점에서 분석하자, 야구선수 출신인 보라스와 카우딜, 피슐린이 모두 놀라는 눈치였다.

"그 다음은요?"

보라스가 궁금해했다.

"투수가 던지는 공의 구종은 여러 가지가 있지만 크게 보면 직구와 변화구 두 가지입니다. 그런데 직구를 던지는 투수는 강속구로 빠르게 승부하는 것을 선호합니다. 칠 테면 쳐봐라, 이런 마음으로 빠른 공을 던져서 타자를 상대합니다. 그런 반면에 체인지업, 커브, 슬라이더 등 변화구를 주로 던지는 투수는 상대방이 예상한 공과 전혀 다른 구종을 던져서 상대방을 공략합니다. 그래서 변화구 투수가 직구 투수보다는 더 신중하고 참을성이 많은 편이죠."

루브너의 설명에 공감을 하면서도 궁금증이 해소되지 않은 듯 보라스가 되물었다.

"라이언, 일리가 있긴 한데, 그게 이번 스토브리그와 무슨 상관이……?"

"이번에 자유계약선수로 나온 우리 회사 소속 투수들 중에도 직구 투수가 있고 변화구 투수가 있습니다. 한마디로 강속구 투수인 콜과 스트라스버그를 먼저 중점적으로 계약하고, 변화구를 주로 구사하는 류현진과 카이클은 나중에 계약을 하도록 하는 것이 좋을 것 같다는 생각입니다."

루브너의 간결한 설명은 지금껏 자물쇠로 잠겨 있던 상자를 열 수 있는 열쇠를 찾은 것이나 마찬가지였다. 이제 상자 안에 담겨진 보물을 보는 것만 남은 것이다.

"아하! 좋아요. '전갈 작전', '직구와 변화구'. 라이언의 분석과 전략이 아주 재미있네요."

보라스는 흡족한 표정을 지었다.

"자, 이제 5분 정도 남았는데 더 할 말이 있으면 하시죠."

아무도 말하지 않자 보라스가 회의를 마무리했다.

"라이언! 오늘 좋은 분석과 전략을 준비하느라 고생했어요. 마이크! 스콧데일 준비 상황은 잘 되고 있지요?"

"예. 스콧데일에서 열리는 단장 회의는 비공개로 진행되어 호텔 객실을 몇 군데 분산해서 잡아놓았고요. 샌디에이고에서 하는 윈터 미팅은 잡 페어를 겸해서 별도로 사무실과 숙소를 준비할 예정입니다."

"그래요. 늘 준비하는 것처럼 해주세요. 라이언! 선수에 대한 자료 준비는 선수별로 두세 가지로 나누어 만들어주세요. 일반적인 현황 자료, 선수별 구체적인 자료로 구분해서요. 자료는 가능한 100페이지 정도로 아주 풍부하게 만들고요. 양에서 질이 나오는 법입니다. 좋은 자료를 준비하는 것이 구단을 상대로 한 마케팅은 물론이고 우리 고객인 선수에 대한 존중이기도 합니다."

"잘 알겠습니다."

30초 남았을 때 시계에서 '삑' 소리가 났다. 회의를 정리하라는 신호였다.

"자, 지금 이 순간부터는 제 전화번호는 끝자리가 5번입니다. 이 전화번호로 연락주시기 바랍니다. 이상으로 회의를 마치겠습니다."

회의가 끝나자 시계의 전원이 꺼졌다. 30초가 지난 뒤에 시계는 다시 정상 모드로 전환된다.

보라스는 중요한 일을 앞두고는 전화번호를 참모들에게 미리 알려주곤 했다. 그가 아날로그 전화기를 선호하는 이유는 유심을 두 개까지 넣을 수 있어 수시로 전화번호를 변경할 수 있기 때문이다. 보안과 업무에 집중하기 위한 그만의 방식이다.

1시 40분.

보라스가 차를 몰고 밖으로 나오는데 방제 회사 차량 두 대가 건물 안으로 들어가고 있었다. 마이크 피슐린이 직원들에게 고지한 대로 사무실 전체를 소독하기 위한 것임을 알 수 있었다.

전갈 작전

★ ★ ★

스콧데일은 미국 애리조나주에 있는 도시다. 북동쪽은 그랜드캐 니언이 있고 주변은 모두 사막이다. 최고 온도는 섭씨 45도가 넘 고 최저 온도는 영하 7도까지 떨어진다. 비는 거의 내리지 않는 이곳에 인구 20만 명이 거주한다.

사막 한가운데 있는 오아시스처럼 이곳 스콧데일에는 수많은 골프 클럽과 호텔, 리조트, 그리고 고급 저택들이 모여 있다. 남쪽 에는 솔트강이 흐르고 북쪽에는 인공 운하가 있어 1년 내내 사람 들이 붐비는 관광도시이며 휴양도시다.

미국 대륙을 동서로 횡단하는 10번 고속도로와 남북으로 관통 하는 17번 고속도로가 이곳을 통과한다. 시어도어루스벨트호에 서 시작된 솔트강은 길라강과 콜로라도강을 거쳐 태평양까지 흐르는 스콧데일의 젖줄이다. 1년 내내 따뜻하고 건조한 날씨로 살기 좋은 곳이다. 게다가 미국 의료기관 서비스 질 1위인 메이오 클리닉 센터가 있어 운동선수들에게도 최적의 도시다.

2019년 11월 초부터 초호화 전용기가 이곳으로 몰려들기 시작했다. 평소에도 사람이 많이 붐비는 곳이지만, 수백억 원이나 하는 전용기가 한꺼번에 수십 대씩 날아드는 일은 아주 이례적인 일이었다.

전용기는 인근에 있는 피닉스 스카이 하버 국제공항 대신에 스콧데일 북쪽에 있는 스콧데일 공항으로 모였다. 이 공항은 활주로가 한 개밖에 없는 작은 공항이지만 전용기들이 주로 이용하는 곳이다. 마치 중요한 국가 정상회의가 열리거나 중요한 골프대회가 열리는 것처럼 보였다. 전용기에서 내린 사람들은 준비되어 있는 리무진으로 옮겨 타고 남쪽으로 향했다. 남서쪽으로 약 20분을 달리면 나오는 대규모 리조트가 목적지였다. 옴니 스콧데일 리조트 안으로 들어간 차량에서 내리는 사람은 한결같이 40대 정도의 남자였다. 그리고 이들은 모두 캐주얼 복장에다 진한 검은색 선글라스를 끼고 있었다. 사람들의 옷차림으로 볼 때 국제 정상회의는 아닌 듯했다. 벤처회사들이 모여 중요한 회의를 하거나 고가의 미술품 경매시장에 참가하기 위한 재벌 2세들의 모임으로 보였다.

'MLB GM Meetings, November 11-14'

5성급 호텔 로비 한쪽에 붙어 있는 안내문을 보고서야 이곳을 찾는 사람들이 메이저리그 단장들임을 알 수 있었다.

메이저리그 단장 회의는 한 해 경기 일정이 모두 끝나면 연례 적으로 열린다. 메이저리그 30개 구단은 모두 단장이 팀 운영을 좌지우지한다. 선수 영입과 계약 체결은 물론 구단과 선수단 운 영을 총괄하는 일을 단장이 한다. 10월에 월드시리즈 챔피언이 결정되면 메이저리그 모든 경기는 끝나게 된다. 이때부터 단장은 구단에 적합한 선수는 새롭게 영입하고, 연봉에 비해 실적이 부 진한 선수는 다른 팀에 팔아치우는 등의 일을 한다. 말 그대로 소 리 없는 전쟁이 시작되는 것이다. 내년 봄 또는 그 이후의 장기적 인 경기력을 준비하는 중요한 과정이다. 겨울철 난롯가에서 치르 는 이런 과정을 스토브리그라고 한다.

수천억 원 내지 수조 원을 투자한 구단주 입장에서는 이때가 가장 중요하다. 좋은 선수를 싸게 영입해서 본전을 뽑아내는 것 이 최대 관심사일 수밖에 없는 구단주는 그래서 자신의 전용기를 흔쾌히 단장에게 내주는 것이다.

구단마다 선수 영입과 매각은 그야말로 전쟁이다. 구단의 속내 를 드러내지 않으면서 상대방의 의중을 파악하는 3박 4일간 진 행되는 30개 구단 단장 회의가 중요한 이유다.

단장들은 구단주의 지갑 사정과 팬들의 욕구를 맞추는 협상안을 이끌어내야 한다. 그래야 내년 농사를 보장할 수 있고 단장의 미래도 보장되는 것이다. 회의에 참석한 30개 구단의 단장들은 명문대 출신의 천재들이다. 시애틀 매리너스 제리 디포트 단장 한 사람만 빼고는 메이저리그 선수 경험이 전혀 없다. 일부는 마이너리그, 대학, 고교 시절에 야구한 경험이 있지만 대부분은 야구 경력이 거의 없는 투자은행이나 경영컨설팅 전문가들이다. 거의가 다 아이비리그 대학을 졸업한 후 월가 금융 회사나 컨설팅 회사를 다닌 수재들이다. 이러한 고수들이 모여 내년 또는 그 이후의 메이저리그를 좌지우지할 선수 연봉 협상과 계약을 책임지는 것이다. 이 회의에서 단장들은 서로 정보를 교환하면서도 탐색전을 함께 펼친다.

올해는 다른 해와 달리 어느 단장도 선뜻 말을 꺼내지 못하고 눈치만 살피는 모습이 역력했다.

2020년도 연봉 협상은 예전과는 비교할 수 없을 정도로 큰 전쟁을 치를 것으로 보였다. 올 계약을 끝으로 다른 구단과 자유롭게 계약할 수 있는 자유계약선수 자격을 얻은 거물급 선수들이 예년에 비해 많았기 때문이다.

단장들의 관심사는 내년부터 자유계약선수로 시장에 나오는 선발투수 게릿 콜, 스티븐 스트라스버그, 류현진, 댈러스 카이클과 3루수 강타자 앤서니 렌던과 마이크 무스타커스 등이다. 특히 콜은 2019년 전체 투수 중 최고 성적을 냈다. 스트라스버그는 워싱턴 내셔널스에게 창단 첫 월드시리즈 트로피를 안기고, MVP로 선정되었다. 류현진은 메이저리그 전체 평균자책점 1위였다. 댈러스 카이클도 사이영상을 수상한 경험이 있는 선발투수였다. 렌던은 강타자이면서 수비가 뛰어났고, 무스타커스도 마찬가지였다. 그런데 공교롭게도 콜, 스트라스버그, 류현진, 카이클, 렌던, 무스타커스의 에이전트가 모두 스캇 보라스였다.

이 선수들의 연봉 총액이 최대 10억 달러(약 1조원)에 이를 것으로 전망되었다. 보라스는 선수들에게는 장기간 대형 계약을 선사하려고 할 것이다. 그만의 노하우로 선수 연봉을 최대한 끌어내곤 해서 선수와 가족들에게 그는 천사와 같은 존재다. 올 한해 휴스턴 애스트로스에서 뛴 게릿 콜은 월드시리즈 7차전에서 패한 뒤 기자회견을 하며 휴스턴 모자 대신에 에이전트사인 보라스 코퍼레이션 모자를 썼다. 이는 올겨울 'FA 대박'을 원한다는 단호한 의지를 보여준 것이다.

단장들은 죽을 맛이었다. 선수 영입 전에 뛰어들고 싶지만 보라스를 상대할 일을 생각하면 머리가 지끈거렸다. 누구도 말은 하지 않지만 아마 똑같은 심정일 것이다. 단장들은 회의에서 매번 페어플레이를 다짐하지만 누구도 그 약속이 지켜질 것이라고는 생각하지 않는다. 단장들은 선수들과 연봉 계약을 체결하려면 악명 높은 보라스라는 산을 넘어야 한다. 그 산은 높기도 하지만 날씨에 따라 변화무쌍하게 바뀌는 만물상과도 같은 산이다.

단장들은 지난해 보라스가 브라이스 하퍼를 놓고 필라델피아 필리스와 계약한 일을 떠올리지 않을 수 없었다.

최고의 타자이면서 3루 수비가 일품인 LA 다저스 소속 매니 마차도가 샌디에이고 파드리스와 10년 3억 달러라는 대형 계약을 체결했다. 그러자 며칠 뒤 보라스는 브라이스 하퍼를 필라델피아와 계약시키며 13년 3억 3000만 달러(3709억 원)라는 연봉 신기록을 수립하는 잭팟을 터트렸다.

단장들은 하루가 지나자 둘째 날부터는 몇 명씩 조를 이루어 부근에 있는 골프장에서 라운드를 즐겼다. 골프 라운드는 단순히 레저를 즐기는 것이 아니라, 필요한 선수들을 맞교환하는 트레이드나 영입, 방출 등을 은근히 떠보는 것이 목적이다. 이 자리는 서로가 알고 있는 정보를 서로 공유하는 장인 것이다.

올 스토브리그를 앞둔 단장들은 똑같은 고민거리가 있다. 바로 스캇 보라스와의 싸움이다. 그에게 크게 당해보지 않은 단장이 없을 정도다. 그는 선수를 부추기고 세뇌시켜서 구단에게 상상할 수 없을 정도의 큰돈을 요구한다. 구단마다 문어발식으로 오퍼를 하고 그 사실을 은근히 흘려 서로 경쟁하도록 유발하기도 한다. 계약 마감 시한이 다가와도 전혀 서두르지 않고, 협상을 미루다 시간에 쫓긴 구단이 백기를 들게 해 거액의 계약을 이끌어낸다. 그래서 구단의 입장에서 그는 악마와 같은 존재다. 하지만 더 큰 문제는 이 악마를 물리치거나 피할 묘책이 전혀 없다는 것이다.

구단이 원하는 선수들은 거의 그와 에이전트 계약을 맺었기 때문이다. 그와 피를 말리는 긴장과 협상 과정을 거쳐야 좋은 선수를 얻을 수 있는 것이다.

단장들은 더 나아가 보라스와의 협상을 통해 많은 돈을 들여 영입한 선수가 바로 수술대에 오르거나 제대로 실적을 내지 못하는 경우가 종종 생겨 그를 경계하지 않을 수 없었다. 몇몇 구단들은 그가 부상이나 부진의 징조를 알면서도 선수의 좋은 면만 포장하여 구단에게 골탕을 먹인다고 생각했다. 어쨌든 구단 입장에서는 눈엣가시와 같은 존재가 아닐 수 없었다.

한편, 단장 회의가 진행 중이던 11월 13일 메이저리그를 뒤흔들 만한 대형 사건이 터졌다. 2017년 휴스턴 애스트로스 투수였던 마이크 파이어스(오클랜드 어슬레틱스)의 '사인 훔치기' 내부 폭로가 나온 것이다. 당시 그는 휴스턴 애스트로스 투수였기 때문에 폭로 내용도 구체적이었다.

"외야 카메라를 이용해 조직적으로 상대 포수의 사인을 훔쳤다."

파이어스의 폭로는 메이저리그는 물론 전 스포츠계에 큰 충격을 주었다. 경쟁에서 이기기 위해 '사인 훔치기' 논란이 있어 왔지만 휴스턴처럼 조직적으로 이루어진 것이 폭로되기는 처음이었다. 55년 만에 월드시리즈 첫 우승이 부정하게 이루어졌는지 여부가 초미의 관심사가 되었다.

게다가 당시 수석코치였던 알렉스 코라가 2018년 월드시리즈 우승팀인 보스턴 레드삭스 감독이었고, 2017년과 2018년 월드 시리즈 패배팀은 바로 LA 다저스였다. 이 사건 조사에 따라서 메이저리그는 한바탕 소용돌이에 휘말릴 것이 뻔했다.

스캇 보라스는 '사인 훔치기'에 매우 분노했다. 야구는 기계적 장치를 사용하지 않고 사람의 몸으로만 하는 공정한 경기라고 믿고 있었기 때문이다.

4일간의 일정을 마쳤지만 뚜렷한 계약 성과를 낸 단장은 없었다. 이제 시작일 뿐인데 성급하게 협상을 매듭지을 수는 없었기 때문이다. 게다가 사인 훔치기 폭로가 있은 후 자신이 속한 구단을 챙기기에도 바빴다.

단장들은 서로 악수를 하고 사진을 찍기도 하면서 석별을 아쉬워했다. 한 달 후 샌디에이고에서 열리는 윈터 미팅에서의 본선을 대비한 예선은 아무 성과없이 끝났다.

화이트 크리스마스

★ ★ ★

스콧데일에서의 단장 회의는 조용하게 끝났다.

단장 회의를 앞두고 애틀랜타 브레이브스 앤소폴로스 단장이 언론과 가진 인터뷰에서 "어떤 팀이 FA 시장을 들여다볼 것인지, 누가 트레이드가 가능한지를 보고 있다"라고 말했다가 메이저리그 선수노조의 반발에 부딪쳤다.

메이저리그 사무국과 선수노조는 계약 시장에 나온 선수들에 대한 정보를 공유하는 구단들의 담합 행위를 금지하고 있다. 선수노조는 앤소폴로스 단장의 발언을 FA 선수들에 대한 구단들의 담합 행위를 인정하는 표현으로 보고, 'FA 시스템 전체의 진정성을 의심에 빠트린 발언'이라고 강하게 반발했다.

"단장 회의를 앞두고 구단들과 연락을 돌리며 트레이드 가능성을 논의했습니다. 이 과정에서 FA 선수 개인에 대한 논의나 브레이브스 구단의 의도에 대한 논의는 전혀 이루어지지 않았습니다. 저의 발언은 실언이었고 혼란을 일으킨 점에 대해 사과드립니다."

이렇게 앤소폴로스 단장은 자신의 발언이 오해를 일으킨 점에 대해 사과하는 곤혹을 치렀다.

또한 회의 기간 중에 터진 '사인 훔치기' 폭로로 회의 기간 내내 뒤숭숭했다. 이 회의 기간 동안 보라스 사단은 각자 각 구단 관계자들을 자유롭게 만나고 다녔다.

11월 17일 일요일 아침.

보라스는 모처럼 늦잠을 잤다.

"여보, 잘 잤어요?"

지넷이 다정하게 다가와서 가벼운 키스를 했다.

"응. 모처럼 잘 잤네."

"당신 잠자는 모습은 그야말로 통나무야."

"하하하. 지넷! 오늘 오후에 집에서 회의 좀 할 예정이야."

"알았어요. 참석자는 네 명인가요? 마이크 피슐린, 빌 카우딜, 라이언 루브너 그리고 당신."

"이번에는 틀렸어."

"그럼, 누구?"

지넷이 궁금한 듯 보라스를 쳐다보았다. 보라스는 대답을 하는 대신 그녀를 껴안고 키스를 했다.

"바로 당신!"

지넷은 놀라는 눈치로 보라스에게 바싹 다가갔다.

"정말로?"

"먼저 당신하고 회의를 하려구."

보라스가 큰 소리로 웃자 지넷은 좀 의외였지만 기분은 좋았다.

"좋아요. 저랑 먼저 회의를 해요. 스캇, 안건은?"

"음, 이번 크리스마스는 어디에서 보낼 것인가?"

그 말에 지넷은 지금까지와는 달리 약간 허탈한 표정을 지었다.

"봄부터 가을까지는 야구 시즌이라 바쁘고, 시즌이 끝나면 스토브리그로 더 정신이 없는 사람이 무슨…… 당신 없는 크리스마스 휴가는 싫어요."

지넷이 남편에게 불만 섞인 말투로 말했다.

"미안해. 그래서 이번에는 크리스마스 휴가를 가족과 함께 보내려구."

"정말로! 정말이지? 올 크리스마스는 무조건 가족 여행이야."

지넷이 갑자기 자리에서 벌떡 일어나더니 양손을 위로 올리면서 껑충껑충 뛰었다. 마치 가족 여행을 간다는 말에 기뻐서 어쩔 줄 모르는 어린 딸 같았다.

"당신 회사는 크리스마스 때 괜찮지?"

"그럼! 무조건 가능해요."

"나탈리가 결혼하고 맞이하는 첫 크리스마스이니 루크도 같이 가자구."

지넷은 2개월 전에 결혼한 딸과 사위 루크 모리스 부부도 함께 한다는 말에 한층 더 기뻐했다.

"야호! 역시 당신답다. 내가 당신의 프러포즈를 받아준 이유가 뭔지 알아요?"

"글쎄? 이렇게 어려운 질문은 처음인데……"

"바로 당신의 이런 센스야. 센스쟁이 스캇!"

"내가 지금껏 했던 협상 가운데 가장 힘들었던 일이 뭔지 알아?"

"당신 같은 능력자가 힘들었던 협상이 뭐였을까?"

지넷은 잠시 보라스의 질문에 답을 찾는 듯 생각에 잠겼다.

"바로 당신으로부터 데이트 약속을 받아내는 협상이었어."

지넷은 보라스의 허벅지에 걸터앉아 양손으로 그의 목을 껴안고 키스를 했다. 보라스는 늘 변함없는 그녀가 너무 좋았다.

"그럼 뉴멕시코로 떠나요. 타오스? 아파치? 앨버커기? 레드리버?"

"그건 당신이 알아서 해. 숙소는 오늘 회의에 참석하는 부사장 다섯 명 가족들 숙소도 같이 잡고."

"알았어요."

"아직은 비밀인데, 올해는 전갈 작전으로 연봉 계약을 서둘러 마무리할 생각이야!"

"예? 전갈 작전?"

지넷은 보라스의 말을 전혀 알아듣지 못하겠다는 제스처를 취했다. 궁금했지만 더 알려고 하지는 않았다. 이것이 남편을 배려하는 그녀만의 방식이었다.

"그런 게 있어요. 자, 그럼 오늘 4시에 회의를 할 예정이고 참석자는 밥 브로워, 제프 머슬만까지 모두 여섯 명이야. 차와 다과 좀 준비해줘. 저녁 식사는 회의 마치고 할 예정이니 적당한 곳 예약도 해주고."

"알았어요. 얼마 전에 개업한 와인 바로 예약할게요."

"응. 기대되네. 당신이 추천하는 와인 바."

오후 4시 2층짜리 단독주택.

나지막한 언덕 위에 있는 이 집은 지넷이 직접 계약을 해서 구입한 새집이다. 이곳에서 있을 오늘 회의가 사실상 올 겨울 스토브리그 마지막 회의다. 2층에 있는 서재 같은 방에 모였다. 보라스 코퍼레이션 2층 오벌 룸의 축소판과도 같았다. 여섯 명이 자리를 잡자 보라스가 먼저 말을 꺼냈다.

"스콧데일에서 고생했어요. 사인 훔치기 사건을 보면 메이저리그 30개 팀 간의 경쟁은 더 치열해졌는데 구단들은 돈을 아끼려고 꼼수를 부리는 게 화근이 된 것 같아요. 정직과 시장경제 원리를 벗어난 어떤 선택도 결국 나중에는 독이 되어서 돌아온다는 점을 명심해야 한다고 느꼈어요. 그동안 구단들과 접촉하여 얻은 정보나 의견을 오늘 이 회의에서 논의합시다. 오늘은 시간제한은 없고 마음껏 논의하려고 합니다. 오늘 회의를 마치고 함께 저녁 식사를 하도록 하고요. 오늘은 보라스 코퍼레이션 부사장단 회의입니다. 회의 장소를 이곳으로 정한 이유는 아시다시피 모두가 우리를 주시하고 있어요. 그래서 부득이하게 일요일 오후에 회의를 하게 되었어요. 오늘 회의는 마이크 피슐린 수석 부사장이 진행하도록 하겠습니다. 마이크, 시작하시죠."

미아크 피슐린이 먼저 말을 시작했다.

"그동안 각자 활동하면서 얻은 정보나 자신의 생각을 마음껏 이야기해주세요. 오늘 회의가 사실상 마지막 회의인 만큼 가능하면 전부를 꺼내 놓는 장이 되었으면 합니다."

라이언 루브너가 말을 받았다. 그는 변호사로서 실제 계약을 체결하는 업무를 총괄하는 부사장이다.

"이번에 우리 회사 소속 자유계약선수가 여섯 명인데 어느 해보다 규모가 크고 하니 선수 한 명씩 놓고 논의를 하는 방식으로 하는 것이 효율적일 것 같습니다."

"좋은 의견입니다. 공감입니다."

빌 카우딜이 동의했다.

"그럼 먼저 투수인 게릿 콜, 스티븐 스트라스버그, 류현진, 델

러스 카이클과 타자인 앤서니 렌던과 마이크 무스타커스 순서로 논의했으면 합니다. 콜과 스트라스버그를 묶고, 류현진과 카이클을 묶어서 논의하고, 타자는 렌던과 무스타커스를 묶어서 논의하는 게 더 효율적이라고 생각합니다."

투수 출신인 카우딜의 제안에 모두 공감하자 피슐린이 말했다.

"자, 그럼 먼저 콜과 스트라스버그에 관하여 논의하죠."

"양키스가 콜을 강하게 원하고 있어요. 올 챔피언시리즈에서 콜에게 속수무책으로 당한 상처가 꽤 깊었던 것 같아요. 그리고 콜이 샌디에이고 출신이지만 어릴 적부터 양키스 팬이었던 것도 팬들이 기억하고 있어요."

양키스에서 타자로 선수 생활을 했던 밥 브로워가 말했다.

"사치세를 내면서도 가장 두려워하지 않는 유일한 팀이 바로 양키스입니다."

루브너가 브로워의 말에 공감했다.

"뉴욕 양키스가 이렇게 오랜 기간 동안 우승 반지를 끼지 못한 적이 없었거든요."

제프 머슬만도 공감했다.

"콜에게 양키스가 가장 현실적인 오퍼를 할 가능성이 높다는 것은 인정해요. 하지만 누군가 경쟁자를 부각시켜 긴장감을 높일 필요가 있다고 생각합니다."

카우딜이 말했다.

"라이언! 콜이나 스트라스버그를 영입할 재정적인 여력이 있는 팀을 우선 선정해볼까요?"

보라스가 루브너를 보고 물었다.

"예. 최근 3년간 구단별 페이롤(계약 총금액)이 2억 달러가 넘는 구단은 레드삭스, 양키스, 내셔널스, 다저스, 컵스가 있어요."

루브너가 최근 3년간 팀별 페이롤을 설명했다.

"그럼, 콜이나 스트라스버스를 영입할 여력이 있는 팀은 다섯 팀이네요. 좀 더 구체적으로 구단 사정을 고려해볼까요?"

보라스의 말에 카우딜이 대답했다.

"일단 레드삭스는 제외해도 좋을 것 같습니다. 레드삭스는 3년간 30개 구단 중 페이롤이 1위여서 2018년 우승 반지를 끼었는데, 올해는 탬파베이 레이스에게도 뒤진 아메리칸리그 동부지구 3위였어요. 게다가 사치세가 만만치 않으니 아마도 내년부터는 팀을 재정비하려고 할 겁니다. 게다가 코라 감독이 휴스턴 애스트로스 시절 수석코치로 사인 훔치기에 관여한 것으로 드러나면 그 파장이 엄청날 겁니다. 때문에 올해는 존 헨리 구단주가 돈을 풀지 않을 것 같습니다."

루브너가 카우딜의 제안에 동의했다.

"그러면 컵스는 어떤가요?"

피슐린이 물었다.

"컵스도 올해에는 페이롤 2위일 정도로 돈을 풀었는데, 성적이

신통치 않아서 테오 엡스타인 사장이 팀을 새롭게 정비를 하려는 것 같습니다. 조 매든 감독과 재계약을 하지 않은 것이 그 근거입니다."

머슬만이 말했다.

"자, 그럼 콜과 스트라스버그에게는 양키스, 다저스, 내셔널스네요? 혹시 필리스는 어떨까요? 미들턴 구단주가 아주 의욕적이던데."

보라스가 필라델피아 필리스를 언급했다.

"올 초에 브라이스 하퍼를 영입하면서 월드시리즈 우승을 위해 아낌없이 돈을 쓰겠다고는 했지만 아직은 좀 회의적입니다. 하퍼에게 너무 큰돈을 써서 몇 년은 모아야 할 겁니다."

루브너가 필리스는 회의적이라는 듯이 말했다.

"그럼, 콜과 스트라스버그는 양키스, 다저스, 내셔널스로 압축된다고 보면 되겠네요. 다음으로 류현진과 카이클에 대해 논의하시지요?"

피슐린이 류현진과 카이클에 대한 논의를 제안했다.

"류현진은 매디슨 범가너와 유사한 스타일로 같이 논의해보는 것이 어떨까요? 모두 좌완투수이고 같은 지구에서 활약한 선수라서요."

모두 동의하자 카우딜이 말을 이었다.

"류현진의 올해 활약은 정말 믿기 어려울 정도로 대단했지요.

사이영상 감이었으니까요. 그런데 그동안 부상 전력이 큰 장애요인입니다."

투수 출신인 카우딜의 분석에 모두 수긍했다. 보라스가 나섰다.

"우리는 선수의 핸디캡에 대하여 너무 고려하지 말아야 합니다. 다들 알다시피 류현진이 어깨 부상으로 2년을 통째로 날린 것은 사실입니다. 하지만 그는 7퍼센트 정도만 성공한다는 재활에 성공해서 올해는 메이저리그 최고의 선수로 우뚝 섰잖아요. 그게 바로 류현진의 장점입니다. 다른 선수와는 비교도 할 수 없는 장점이죠. 만약 부상이 전혀 없었던 투수가 내년이나 그 이후에도 부상 없이 잘 던진다는 보장이 있을까요? 없습니다. 부상을 당할 위험이 늘 상존하는 게 야구이고 사람입니다. 그렇게 보면 류현진은 설령 부상을 당하더라도 반드시 재기할 수 있는 강인한 정신과 경험이 있다는 것이고, 이것은 아무도 흉내 낼 수 없는 강점입니다. 야구는 실패를 전제로 하는 운동입니다. 4할 타자라도 6할은 실패한 것이잖아요. 그리고 투수도 6회까지 3점 이내로 마치면 퀄리티스타트로 인정해주잖아요. 그러니 앞으로는 구단에서 선수의 약점을 강조하면 우리는 대응하지 말고 장점을 보여줍시다."

아무도 보라스의 말에 이의를 제기하지 못했다.

"미안. 내가 말을 너무 많이 해서 회의 분위기에 찬물을 끼얹었네요."

분위기가 다소 경직되자 피슐린이 말을 돌렸다.

"자, 잘 아셨지요? 이젠 타자 쪽으로 한번 관점을 돌려봅시다. 우선 렌던을 워싱턴 내셔널스가 잡을 것인가? 잡지 않는다면 어느 팀이 적당한가?"

"제 생각에는 이번에 우승 반지를 낀 워싱턴 내셔널스가 렌던과 스트라스버그 둘 다 붙잡지는 못할 것 같아요. 사치세를 엄청 부담해야 하니까요."

루브너가 말했다.

"내셔널스의 마크 러너는 둘 중 한 명을 붙잡으라고 한다면 분명 스트라스버그를 선택할 겁니다. 3루수인 렌던 자리에는 유망주가 두 명이나 있는데 선발투수는 대체 자원이 없고, 설령 있다고 해도 시간이 필요해요. 슈어저가 있는 한 그와 견줄 만한 선발투수가 꼭 필요한 상태입니다."

브로워가 내셔널스 입장에서 분석했다.

"그럼, 렌던은 어느 팀이?"

"제가 보기엔 텍사스 레인저스나 LA 에인절스, 샌프란시스코 자이언츠가 가장 유력해요. 3루 수비와 공격수를 선호하는 팀이거든요."

피슐린이 말했다.

"마이크의 분석에 공감합니다. 다만 텍사스는 고액 선수인 프린스 필더가 목 부상으로 은퇴했고, 앤드루스 등이 성적이 썩 신통치 않아서 캐시먼 단장의 입지가 좁아진 듯해요. 오히려 추신수를 통해 류현진을 영입하려고 한다는 정보가 있어요."

"그럼, LA 에인절스나 샌프란시스코 자이언츠네요?"

루브너가 정리를 하면서 말했다.

"제가 알기로는 샌프란시스코가 2018년에는 페이롤 2위일 정도로 투자를 했는데 73승 89패로 지구 4위를 했어요. 아주 충격적이었죠. 2019년에는 페이롤을 7위로 확 낮추었어요. 바로 팀을 재정비하려 한다는 것을 의미하죠. 그래서 당분간 돈을 쓰지 않으려고 할 겁니다. 범가너를 잡지 않는 이유도 그런 연장선에서 봐야 합니다."

모두 루브너의 분석에 공감했다.

"그러면 LA 에인절스가 가장 유력하네요."

"LA 다저스가 렌던을 품을 가능성은?"

보라스가 물었다.

"LA 다저스는 선수층이 두텁고 3루수는 저스틴 터너가 견고해서 렌던보다는 선발투수를 희망할 겁니다."

머슬만의 분석에 모두 수긍했다.

"마이크 무스타커스는 어때요?"

피슐린이 무스타커스에 대한 의견을 묻자마자 보라스가 끼어들었다.

"무스타커스는 지금 진행 중이니 오늘 이 자리에서는 논의하지 않으셔도 될 것 같습니다. 제프! 토론토 블루제이스가 선발투수를 영입할 만한 준비가 되어 있어요?"

보라스는 블루제이스 선발투수 출신인 머슬만에게 물었다. 머슬만이 대답을 하지 못하고 있자, 루브너가 끼어 들었다.

"토론토 블루제이스는 스몰 마켓으로 알려진 구단인데, 2017년에 처음으로 페이롤이 2억 달러가 넘는 전체 5위였어요."

루브너의 말에 머슬만이 말했다.

"2017년에 블루제이스 페이롤이 2억 달러를 조금 넘긴 것은 맞는데요. 저도 이해가 가지 않아서 알아보았더니 애틀랜타 브레이브스에 있던 샤피로 사장과 앳킨스 단장이 블루제이스로 옮기면서 로저스 구단주가 통 큰 투자를 한 것 같습니다. 좀 더 알아보겠습니다."

회의가 시작되고 1시간 30분이 지나고 있었다. 보라스가 회의를 정리했다.

"2020년 시즌을 위한 스토브리그 회의는 오늘이 마지막입니다. 크리스마스 이전에 모두 끝내겠습니다. 가족들과 화이트 크리스마스를 즐길 수 있도록 하겠습니다."

보라스의 말에 서로의 얼굴을 쳐다보고 눈을 동그랗게 떴다. 보라스의 말이 믿어지지 않는다는 표정이었다. 늘 마지막까지 협상을 해서 큰 금액을 받아내는 것이 보라스의 장점이고, 올해는 고액 선수들이 여섯 명이나 있어 틀림없이 개막 직전까지 협상이 진행될 것으로 보았기 때문이다.

"보라스 사장님! 방금 하신 말씀 믿어도 되나요? 가족들에게 올해는 화이트 크리스마스를 선물할 수 있다는 말씀인가요?"

라이언 루브너가 용감하게 물었다. 그러자 다른 사람들은 루브너와 보라스의 얼굴만 번갈아 쳐다볼 뿐 아무 말이 없었다.

"물론 라이언. 내가 지금까지 허언을 한 적이 있었나요? 지난번 회의 때 정한 '전갈 작전'과 '직구와 변화구' 전략대로만 하면 됩니다."

그때서야 모두가 박수와 함께 환호성을 질렀다.

"난 라이언의 압박에 자백할 수밖에 없었어요. 라이언은 변호사보다는 검사가 제격이야."

보라스의 말에 모두가 기분 좋게 웃었다.

"자, 마무리할게요. 올해에는 자유계약선수가 여섯 명인데, 오늘 논의한 대로 협상 순서를 잘 지키고 그대로 이행되도록 해야 합니다. 그렇게 되려면 우리 모두 시계 톱니바퀴처럼 각자의 역할이 잘 맞물려 돌아가야 합니다. 보안이 유지되어야 함은 더 이상 강조할 필요가 없겠지요. 협상은 제가 합니다. 협상은 한 사람으로 집중되어야 상대방과 협상하는 힘이 생기기 때문이죠. 정보는 모두 제게 보내주시기 바랍니다."

보라스는 잠시 말을 멈추었다 다시 말했다.

"협상 순서가 중요한데, 1번은 스트라스버그, 2번은 게릿 콜입니다. 스트라스버그가 계약되면 그다음은 렌던이 자연스럽게 될 겁니다. 그다음은 카이클과 류현진인데 카이클은 올해 활약이 좀 부진하고 지난해에 이어 두 번째라서 좀 쉽게 될 것 같습니다. 류현진이 관건입니다. 무스타커스는 곧 좋은 소식이 있을 겁니다. 늘 해왔던 대로 고객 입장에서 최선을 다합시다. 지금 이 순간부터 전화나 메신저로 연락할 때 사용하는 닉네임입니다. 스트라스버그는 P1, 콜은 P2, 카이클은 P3, 류현진은 P4입니다. 렌던은 B1, 무스타커스는 B2입니다. 그리고 지금부터는 신속한 정보 공유가 중요해서 A.T.A.W입니다."

"사장님! P는 투수, B는 타자라고 이해하겠는데 A.T.A.W는 무슨 의미인가요?"

모두 궁금한 듯 보라스의 입을 쳐다보았다.

"Any Time Any Where! 때와 장소를 가리지 말고 정보를 공유하자!"

모두 한바탕 웃으면서 회의가 끝났다. 지넷이 들어왔다.

"모두 고생 많으셨어요. 웃음소리가 들리는 걸 보니 회의가 잘 끝났나 봐요? 이 방은 전파 차단 장치와 교란 장치가 삼중으로 되어 있어요. 오늘 대화 내용은 누구도 엿들을 수 없답니다."

"자, 오늘 저녁은 지넷이 좋은 곳으로 예약을 해두었다고 해요. 출발합시다."

참석자들은 지넷에게 고맙다는 인사를 하며 자리에서 일어났다. 보라스는 작은 수첩을 제일 먼저 챙겼다. 수첩은 표지가 빨간색으로 되어 있어서 레드북이라고 불리는데 누구도 이 수첩 내용은 볼 수 없었다. 그야말로 보안 노트였다. 서투른 메모가 총명한 기억보다 낫다는 것이 보라스의 지론이었고, 그가 작은 것도 빠짐없이 기록하는 이유였다.

보라스 코퍼레이션에는 35명의 연구원이 근무한다. 이들의 임무는 각종 야구 관련 통계 자료와 경제 기사, 각 구단의 동향 등을 수집하는 일을 한다. 그리고 이 중 중요한 정보는 보라스에게 바로바로 제공된다.

직구와 변화구

★ ★ ★

매년 시즌이 끝나면 메이저리그 윈터 미팅이 열린다. 2019년 윈터 미팅은 12월 8일부터 12일까지 5일간 캘리포니아주 남서쪽에 있는 샌디에이고에서 열렸다.

윈터 미팅 개회식은 12월 9일 월요일 오전 9시에 힐튼 샌디에이고 베이프런트에서 열렸다. 인디고 볼룸에서 메이저리그 사무국 커미셔너의 개회 선언으로 시작되는 윈터 미팅이지만, 개회식 이전인 12월 6일부터 8일까지도 야구 관련 세미나와 워크숍이 열리므로 사실상 윈터 미팅은 개회식 이전부터 시작되는 셈이다.

개막식 이후에는 마이너리그인 애리조나리그부터 리그별 우수선수 수상과 마이너리그 행사인 리그별 설명회가 시작된다. 윈터 미팅은 프로야구선수 인력 시장The Professional Baseball

Employment Job Fair도 동시에 진행된다, 마이너리그 선수는 물론 프런트 직원 등이 일자리를 구할 수 있는 기회인 것이다. 각종 야구 용품 전시와 판매도 이때 이루어진다. 윈터 미팅은 한마디로 야구와 관련된 모든 행사와 물적, 인적 자원의 거래가 다 이루어지는 큰 행사다.

메이저리그 올스타팀을 구성하는 이벤트는 야구팬들의 흥미를 한층 고조시킨다. 아메리칸리그와 내셔널리그를 구분하지 않고 한 해 동안 활동을 평가하는 것인데, 야구팬들의 흥미를 끄는 이벤트다. 올스타팀은 5명의 선발투수와 2명의 구원투수를 선발한다. 그리고 지명타자, 포수, 1루수, 2루수, 3루수, 유격수 각 1명에다 외야수 3명을 선발한다. 총 16명을 선정하게 되는 것이다. 올스타 선수 선정은 팬 투표와 방송기자단 투표, 은퇴 선수단, 야구 전문가들의 의견을 반영한다.

메이저리그 30개 구단이 각자 부스를 만들어 선수 및 직원 채용에 관한 행사도 진행한다. 윈터 미팅의 하이라이트는 아무래도 자유계약선수들에 대한 계약 체결 소식과 이들 선수들을 직접 볼 수 있는 행사일 것이다. 이 기간 동안에는 구단의 선수 인력 관리를 담당하는 단장과 선수 에이전트가 자유롭게 만나서 협상을 진행할 수 있다. 협상 결과 계약이 이루어지면 바로 계약을 체결하고, 이를 언론에 공개하여 팬들의 관심을 채워준다.

2019년 윈터 미팅의 최고 관심은 아무래도 게릿 콜과 스티븐 스트라스버그의 계약이었다. 야구팬이라면 이 두 선수가 뛸 팀에 관심을 가질 수밖에 없기 때문이다. 외형적인 공개 행사의 이면에서는 구단과 에이전트 간의 치열한 싸움이 치러진다. 야구와 관련된 다채로운 공식 행사는 12월 11일 오후 폐회식을 끝으로 종료된다.

보라스는 샌디에이고에 있는 5층짜리 호텔에 보라스 코퍼레이션 임시 사무실을 차렸다. 이곳에서 직원들과 함께 공식적인 업무를 처리했다.

보라스는 3주째 하루 3시간밖에 잠을 자지 못했다. 그가 관리하는 선수들에 관한 프레젠테이션과 구단 관계자들과의 미팅, 그리고 전화 통화가 계속되었기 때문이다.

보라스는 임시 사무실 외에도 구단 관계자나 선수를 위한 객실도 별도로 마련해두었다. 또한 협상을 진행하는 워 룸war room을 맨체스터 그랜드 하얏트 호텔에 마련했다. 이곳은 방송사나 기자 등의 방해를 받지 않기 위해 마련한 곳으로 실제 보라스 코퍼레이션의 본부였다. 이 워 룸이 자유계약선수에 대한 협상 및 계약서 작성을 위한 사무실이었던 것이다. 이 사무실은 수시로 회사 소속 보안 요원이 보안 검색을 했는데, 도청과 정보 누설을 막기 위해서였다. 이곳에는 10여 명의 보라스 코퍼레이션 직원들이 24시간 상주하고 있었다. 이들은 아주 잘 훈련된 정예 요원들인 만큼 일사불란하게 움직였다.

만약 어느 방문자가 오면 이들은 모두 눈에 띄지 않는 곳으로 즉시 이동하여 손님에게 노출되지 않는다. 손님이 워 룸을 나가는 즉시 방문한 흔적이 남아 있을 수 있는 메모나 지문까지도 모두 지운다. 작은 흔적조차 남기지 않는 것이다. 누군가 이곳을 방문했다는 흔적만으로도 협상에 큰 지장을 초래할 수 있기 때문이다. 그만큼 윈터 미팅은 예민하고 긴박하게 돌아갔다.

'마이크 무스타커스' 신시내티 레즈와 4년 6400만 달러

윈터 미팅이 시작되기 직전인 12월 3일 밀워키 브루어스 소속 내야수 마이크 무스타커스가 신시내티 레즈와 계약을 체결했다. 2020년 보라스 코퍼레이션 소속 자유계약선수 가운데 첫 번째 계약으로 4년 6400만 달러였다.

무스타커스는 32세로 1131게임을 뛴 베테랑이었다. 장타력을 겸비했고 3루와 2루를 모두 소화할 수 있는 선수였다. 그는 2019 시즌에는 143경기에 출전하여 타율 2할 5푼 4리, 35홈런, 87타점을 기록했다. 무스타커스는 그동안 1년씩 계약을 하다가 이번에 4년 계약에 성공했다. 구단과 선수가 모두 만족할 만한 계약이었다.

'잭 휠러' 필라델피아 필리스와 5년 1억 1800만 달러

윈터 미팅이 시작된 12월 8일 필라델피아 필리스가 뉴욕 메츠 소속 잭 휠러와 5년 1억 1800만 달러에 계약을 체결했다. 휠러는 30세로 뉴욕 메츠에서 6년간 뛰다가 자유계약선수가 되었다.

휠러를 영입하려고 했던 미네소타 트윈스는 11월 말경 휠러에게 5년 1억 달러를 제안했던 것으로 파악되었다. 결국 휠러는 1800만 달러를 더 받고 필라델피아 필리스와 계약을 체결한 것이다. 휠러가 일찌감치 계약된 것은 보라스에게 유리하게 작용될 터였다.

'스티븐 스트라스버그' 워싱턴 내셔널스와 7년 2억 4500만 달러

잭 휠러의 계약이 언론에 보도되자, 보라스는 마크 러너 워싱턴 구단주에게 전화를 했다.

"마크! 휠러가 계약된 것 아시죠? 필리스가 트윈스보다 1800만 달러를 더 줘서 결국 필리스가 품었네요. 이젠 결정을 하셔야지요?"

"음."

러너는 뭐라 답변을 하지 않았다.

"마크. 원하는 미술품을 소장하려면 어떻게 해야 하는지 아시죠?"

"스캇! 어떻게 해야 하나요?"

러너는 보라스의 답이 궁금한지 물었다.

"꼭 원하는 미술품을 손에 넣으시려면 다른 사람이 상상할 수 없을 정도의 금액을 베팅해야 합니다. 만약 돈을 아껴서 아깝게 그림을 얻지 못하면 영영 자신의 그림이 되질 못하지요. 그런 다음에는 얼마나 안타깝고 후회하겠어요. 스트라스버그를 노리는 팀이 꽤 많습니다."

"스캇! 어느 팀이죠?"

"아마 오늘이나 내일 오셔야 할 겁니다."

상대방이 아무 말이 없자 보라스는 전화를 끊었다.

몇 개 팀이 게릿 콜을 타진해 와서 스트라스버그를 서둘러 계약해야만 했다. 카우딜이 메시지를 보내왔다.

'P1을 7년 2.30 오퍼. 내일이라도 가능함.'

보라스는 카우딜에게 전화를 했다.

"메시지 잘 보았어요. 워싱턴 리조 사장이죠? 방금 제가 러너와 통화를 했거든요. 일단 내일 워 룸으로 모시고 오세요. 스트라스버그는 아직 호텔에 있지요?"

"예, 그렇습니다. 내일 뵐게요."

다음 날 오전 10시경 워싱턴 내셔널스 리조 사장이 워 룸에 방문했다.

"어서 오세요, 마이크! 스트라스버그를 영입하려면 7년 2억 6000만 달러는 쓰셔야지요."

"스캇! 2억 2000만 달러에 하시죠? 러너 구단주도 통 크게 결정한 겁니다."

"콜에게 오는 오퍼가 얼마인 줄 아세요? 아마 들으시면 기절초풍할 정도입니다. 월드시리즈 MVP 스트라스버그의 자존심을 살려줘야 합니다. 앞으로 7년 동안 내셔널스 구장을 뜨겁게 할 텐데. 저도 에이전트로서 스트라스버그에게 실망을 줄 수는 없어요. 어제 러너 구단주에게 한 말을 잘 생각해보라고 하세요."

"잠시 후에 다시 만나요."

"30분 이후에는 다른 구단과 약속이 있으니 옆방에서 통화하세요. 그곳은 아무도 듣는 사람이 없는 청정구역입니다."

보라스의 말이 떨어지자 직원이 리조를 옆방으로 안내했다. 그리고 잠시 후 리조가 다시 보라스를 찾아왔다.

"7년 2억 4000만 달러로 하시지요."

"금액을 그렇게 깎으면 곤란해요. 500만 달러만 더 쓰는 선에서 합시다. 500만 달러는 스트라스버그에게는 자존심입니다."

"좋습니다. 7년 2억 4500만 달러입니다."

"좋습니다. 바로 계약하지요."

보라스가 어디론가 전화를 하자 30분도 되지 않아 워싱턴 모자를 쓴 스티븐 스트라스버그가 워 룸으로 들어왔다.

"오호, 스티븐! 한번 잘 해보자구요."

스트라스버그는 보라스만 쳐다볼 뿐 아무런 말도 하지 않았다. 마치 보라스가 대신 대답을 하거나 뭐라고 대답을 해야 할지 알려달라는 것 같았다.

미리 준비된 계약서에 서명을 했다.

"스티븐! 지금까지 투수 연봉으론 최고 금액입니다. 축하해요."

그제야 스트라스버그는 미소를 지어 보였다. 보라스는 스트라스버그가 워싱턴과 일찍 계약한 것에 만족했다.

'게릿 콜' 뉴욕 양키스와 9년 3억 2400만 달러

희망한 대로 스트라스버그가 워싱턴 내셔널스와 계약을 마쳤다. 지금까지 게릿 콜을 영입하려고 하는 팀은 뉴욕 양키스와 LA 다저스가 가장 유력하고, 샌디에이고 파드리스도 관심을 보였다.

샌디에이고 파드리스는 게릿 콜의 고향 팀이고 지난해 매니 마차도를 영입해 공격을 강화했다. 투수는 게릿 콜, 타자는 매니 마차도라는 구도로 월드시리즈 우승을 하겠다는 의지였다. 하지만 기간과 금액이 기대에는 미치지 못했다.

결국 콜을 영입할 가능성은 뉴욕 양키스와 LA 다저스였다. 보라스는 두 팀과 협상을 진행했지만 서로 눈치만 보고 탐색할 뿐 어느 팀도 통 큰 오퍼를 하지 않았다.

보라스는 고민을 했다. 두 팀 간의 경쟁인데 서로 눈치를 보는 형국이었다. '수인의 딜레마'라는 게임이론이 문득 떠올랐다. 공범인 A와 B를 차단시켜 분리 심문하면서, 세 가지 옵션을 주는 것이다.

① A, B 모두 묵비권을 행사하면 징역 1년씩이다.

② A, B 모두 자백하면 징역 3년씩이다.

③ A가 자백하고, B가 묵비권을 행사하면 A는 석방, B는 징역 10년이다.

A는 B가 자백한다면 자신만 징역 10년을 받을 것이라 생각하고, B도 A가 자백한다면 자기만 징역 10년을 받을 것이라 생각한다. 결국 A, B 모두 자백하여 징역 3년씩을 받는다는 이론이다.

스캇 보라스는 12월 10일 윈터 미팅에서 공개 기자회견을 자청했다. 기자들이 떼구름처럼 몰려왔다. 이 자리에서 보라스는 자신이 계약을 관리하고 있는 선수들에 대하여 말했다.

"어제 스트라스버그가 둥지를 찾아갔습니다. 이젠 콜, 류현진, 카이클입니다. 이들 선수는 쉽게 만나볼 수 있는 선수들이 아니기 때문에 팀들이 먼저 연락을 합니다. 모두 복수의 팀으로부터 제안을 받았습니다. 많은 팀들이 이 선수들에 대하여 관심을 갖고 있다는 말이죠. 우리는 이런 정상급 투수는 팔지 않습니다. 즉, 흥정을 하지 않겠다는 뜻이죠. 이런 선수를 구단이 품으려면 원하는 만큼 돈을 지불해야 하고, 선수들의 땀과 자존감도 고려해야 하기 때문입니다."

이 기자회견은 미국 전 방송과 언론에 퍼졌다. 보라스가 윈터 미팅에서 이렇게 공개적인 기자회견을 한 적이 거의 없었기 때문이다.

보라스의 기자회견이 끝나자마자 구단으로부터 연락이 오

기 시작했다. 그중 예상대로 뉴욕 양키스와 LA 다저스가 가장 주목할 만했다. 뉴욕 양키스는 9년 3억 달러, LA 다저스는 9년 2억 8000만 달러였다. 두 팀 모두 통 큰 베팅이었다. 역시 기자회견의 효과가 있었다.

보라스는 뉴욕 양키스 브라이언 캐시먼 단장에게 전화를 했다.

"브라이언! 잘 받았어요."

"그 정도면 콜이 핀 스트라이프를 입을 만하죠?"

"양키스가 27번 월드시리즈 우승을 했지만 2009년이 마지막이네? 브라이언이 단장이 된 게 2011년이니 우승 반지 한번 껴야지요?"

"잘 알아요. 그러니 9년 3억 달러에 가시죠?"

"콜의 자존감을 생각해봐요. 지난해 브라이스 하퍼가 3억 3000만 달러였어요."

"하퍼는 13년이잖아요."

"계약 기간도 중요하지만 사람들은 총금액을 먼저 떠올리게 되지요. 3억 5000만 달러! 1시간 후에 열차는 출발합니다."

"그건 좀……"

"다른 곳에서 전화가 와서 이만."

보라스는 금액을 제시하고는 전화를 끊었다. 그런 다음 LA 다저스 앤드류 프리드먼 사장에게 전화를 했다.

"앤드류! 잘 받았어요. 정말 통 큰 결정 감사해요."

"스캇! 저희랑 계약하는 거죠?"

상대방은 약간 흥분된 목소리였다.

"앤드류! 다저스가 두 번씩이나 월드시리즈 문지방을 넘지 못해서 참 애석해요. 지금은 탬파베이 레이스가 아니잖아요."

"그야 물론이죠. 분명하게 말해보세요."

"팬들이 야구장을 떠나면 야구도 없어요. 양키스도 관심을 갖는 것 아시죠? 기자회견 그대로입니다. 열차가 출발할 시간이 얼마 남지 않았어요. 1시간이 지나면 열차는 떠날 겁니다."

"그럼, 얼마를?"

"흥정은 안 할래요. 기자회견대로."

앤드류 프리드먼에게는 금액을 제시할 필요가 없다는 것을 보라스는 잘 알았다.

이제부터는 LA 다저스와 뉴욕 양키스가 대답할 차례였다. 이게 바로 게임이론이다. 1시간 이후에는 두 사람으로부터 전화가 올 것이다. 그 사이에 문자가 쌓여 있었다. 샌디에이고 파드리스, 샌프란시스코 자이언츠, 애리조나 다이아몬드백스로부터 왔지만 당장은 답을 할 필요성을 느끼지 못했다.

50분이 지나자 브라이언 캐시먼으로부터 전화가 왔다.

"스캇! 3억 2000만입니다. 오늘 당장 계약해요."

"고마워요. 브라이언 1000만 더 써요. 하퍼만큼은 줘야지요."

"하퍼는 13년이잖아요. 스캇! 구단 입장에서는 금액보다도 기간이 더 부담스러워요. 연봉을 그만큼 오랫동안 지불해야 하니 일종의 장기 부채잖아요."

"알지요. 그럼 2500만 달러 선에서 정리합시다."

"2400만원 달러에 하시죠. 양키스는 100만 달러만 넘겨도 사치세가 어마 무시합니다."

"좋아요. 9년 3억 2400만 달러. 오늘 바로 계약합시다. 대신 10분 후에 오픈해줘요. 열차 출발 시간이 10분 남았어요."

"하하하! 알았어요. 스캇은 못 말려요."

보라스는 전화를 끊고 바로 앤드류 프리드먼에게 전화를 했다.

"앤드류, 열차 시간이 다 되어서 전화했어요. 탑승 티켓은?"

"9년 3억 달러입니다. 그 정도면 되겠지요?"

앤드류 프리드먼은 통 큰 결정으로 자신이 열차 티켓을 손에 든 것처럼 말했다.

"미안해요, 앤드류! 다음 열차를 기다리셔야 될 것 같네요."

"예?"

"다음 열차에서 봐요."

보라스는 게릿 콜을 양키스와 9년 3억 2400만 달러에 계약하게 했다.

'앤서니 렌던' LA 에인절스와 7년 2억 4500만 달러
스트라스버그와 콜의 계약이 잘 끝났다.

156

아직은 순조롭게 진행되고 있었지만 부담감은 여전했다. 지금까지 선수가 원하는 것 이상으로 계약을 했기 때문에 계약을 기다리는 렌던, 류현진, 카이클의 기대감도 그만큼 더 높아졌을 것이다.

보라스는 밥 브로워 부사장에게 전화를 했다.

"밥! 렌던을 원하는 팀이 어디죠?"

"지금까지는 LA 에인절스가 가장 적극적입니다."

"에인절스가 예상외로 투수에는 관심이 적은 편이네요."

"아마도 수술에서 회복하는 오타니가 내년부터는 투수에 전념할 것 같아서 투수보다는 타자에 관심을 더 갖는 것 같습니다."

"그럼, 밥이 적극적으로 접촉해봐요."

"예, 알겠습니다."

브로워는 양키스에서 타자로 활약했었다. 며칠 후 브로워와 워룸에서 만났다.

"에인절스는 어때요?"

"렌던에 마음은 있는데 7년 2억을 제시하네요."

"그래요? 그게 언제였어요?"

"오늘 1시간 전에 전화가 왔어요."

"정말 수고했어요, 밥! 나머지는 내가 알아볼게요."

"예, 스캇."

보라스는 아르테 모레노 에인절스 구단주에게 전화를 했다.

"아르테! 오랜만입니다. 늘 지역사회를 위해 애써주셔서 감사합니다."

LA 에인절스는 보라스가 살고 있는 뉴포트 비치와 아주 가까운 캘리포니아 남부에 위치한 애너하임을 연고지로 한 팀이다.

"스캇! 오히려 제가 감사하죠. 얼마 전에는 오렌지카운티 야구 선수를 위한 강연도 하셨다고 들었어요. 지난 10월 나탈리 결혼식 아주 인상적이었어요."

"아하, 그날 우리가 봤었군요. 제대로 인사를 못 드려서 죄송합니다."

"눈에 넣어도 아프지 않을 딸을 보내면서 아버지가 다른 곳에 눈을 돌리면 되나요. 그날 루이스 미구엘 노래에 맞춘 율동이 아주 인상적이었어요."

"아르테! 축복과 격려 감사합니다."

큰딸 나탈리가 10월 12일 결혼했다. 딸이 그날 루이스 미구엘 노래에 맞추어 함께 춤을 추자고 보라스에게 제안했다. 바쁜 가운데도 틈틈이 스텝을 연습해서 그날 보라스는 47스텝을 완벽하게 실행해냈다. 나탈리가 만족하며 행복해했다.

"나탈리가 USC 졸업했더군요. 제 아이들도 모두 USC 출신입니다."

"제 아들 2명도 모두 USC 졸업했어요."

"오호, 동문 가족이군요. 사위는 무슨 일을 하는지 물어봐도 될

까요?"

"루크 모리스도 USC 출신이고요. 뉴욕에서 옥션이라는 벤처 회사를 공동 창업했다가 지금은 상업용 부동산 거래 관련 플랫폼을 개발하는 일을 하고 있어요."

"아하! 부동산 관련 벤처기술회사를 하는군요."

"앞으로 아르테와 함께 USC와 지역사회를 위해 노력하겠습니다."

"언제든 환영입니다."

"앤서니 렌던에 관심이 있지요? 내년에는 오타니가 토미 존 수술 등에서 회복되니 마이크 트라웃과 함께할 앤서니 렌던이 필요하죠? 푸홀스도 예전 같지 않잖아요?"

"스캇이 어떻게 그렇게 우리 집안을 속속들이 알아요?"

"에인절스가 뉴포트 비치 팀이잖아요. 하하하."

"하긴 그러네요. 앤서니 렌던, 얼마면 되겠어요?"

"역시 아르테답네요. 렌던이 워싱턴에서 6년간 뛰다가 이번에 첫 FA입니다. 휴스턴 라이스대학교 졸업했어요. 남부 하버드라는 라이스요."

"라이스, 알지요. 렌던이 라이스를 졸업했군요."

보라스는 아르테 모레노가 북미 프로 스포츠 구단 최초의 히스패닉 구단주라는 사실을 생각했다. 라이스대학교가 있는 휴스턴은 히스패닉이 많이 거주하는 지역이다.

"스트라스버그와 똑같은 조건으로 해주세요. 사실은 워싱턴과도 두 선수는 똑같은 조건으로 협상했어요. 렌던도 그 사실을 알기 때문에 저로서도 어떻게 할 수 없어요."

잠시 생각하는지 말이 없었지만 전화는 끊지 않았다.

"그렇게 합시다. 존과 빌리가 스캇에게 연락할 겁니다."

"감사합니다. 2002년 월드시리즈 우승 이후 다시 한 번 우승 반지를 끼기를 팬으로서 응원하겠습니다."

의외로 렌던의 계약은 순조롭게 될 것 같았다. 보라스가 모레노와 전화를 끊자마자 존 카피노 사장과 빌리 에플러 단장으로부터 전화가 왔다.

앤서니 렌던은 스트라스버그가 계약한 다음 날인 12월 12일 스트라스버그와 똑같은 조건인 7년 2억 4500만 달러에 계약이 되었다.

'매디슨 범가너' 애리조나 다이아몬드백스와 5년 8500만 달러

앤서니 렌던의 계약이 끝났다. 이젠 댈러스 카이클과 류현진 차례였다.

12월 15일 매디슨 범가너가 애리조나 다이아몬드백스와 5년 8500만 달러에 계약했다. 샌프란시스코 자이언츠는 짝수 해의 기적을 믿고 2018년 2억 300만 달러의 페이롤을 지불하고서도 지구 3위에 그쳤다. 샌프란시스코 자이언츠는 2010년, 2012년,

2014년 짝수 해에 연속 3회 월드시리즈 우승을 차지했다. 짝수 해의 기적이라고 불린다.

2019년 시즌을 끝으로 그동안 13시즌을 이끈 브루스 보치 감독이 은퇴했고, 2020년 시즌부터는 필라델피아 필리스 감독이던 게이브 캐플러 감독이 팀을 이끌게 되었다. 몇 년간은 페이롤을 줄여가며 팀을 재건할 가능성이 높았다.

같은 날 클리블랜드 인디언스 소속 선발투수인 코리 클루버가 퀄리파잉 오퍼를 거절하고 텍사스로 자리를 옮겼다. 이제 진짜로 댈러스 카이클과 류현진만 남았다.

'댈러스 카이클' 시카고 화이트삭스와 3년 5500만 달러

12월 22일 댈러스 카이클이 시카고 화이트삭스와 3년 5500만 달러에 계약을 체결했다. 카이클은 2012년부터 2018년까지 7년간 휴스턴 애스트로스에서 선발로 뛴 좌완투수다. 그는 두 번의 올스타에 선정되었고, 2015년에는 아메리칸리그 사이영상을 수상했다.

카이클은 2018년 자유계약선수가 된 후 팀을 찾지 못하다가 2019년 6월 7일에서야 애틀랜타 브레이브스와 1년 1300만 달러에 계약하고 올 시즌을 마쳤다. 그는 강속구보다는 제구력 중심의 좌완투수로서 땅볼 유도를 잘한다는 점이 류현진과 비슷했다. 나이도 9개월 차이로 비슷하고 2018년 자유계약선수가 된

점도 똑같았다. 다만 류현진은 LA 다저스로부터 퀄리파잉 오퍼를 받고 다저스에서 2019년 시즌을 보낸 반면, 카이클은 휴스턴의 퀄리파잉 오퍼를 거부하고 자유계약선수가 되었다가 시즌 중반에야 팀을 찾아간 것이 달랐다. 결과적으로 2019년 성적이 류현진보다는 저조했다.

결국 선발 보강을 강력하게 원했던 시카고 화이트삭스와 3년 5500만 달러, 최대 4년 7400만 달러에 계약을 체결한 것은 카이클로서는 아주 성공적인 계약이었다.

스캇 보라스를 놀라게 한 류현진의 배짱

★ ★ ★

"이제부터는 류현진이다."

스캇 보라스가 계획한 대로 게릿 콜, 스티븐 스트라스버그, 댈러스 카이클의 계약이 끝났다. 게다가 선발투수인 잭 휠러, 매디슨 범가너, 코리 클루버 등도 모두 팀을 찾아갔다. 이제 시장에 남은 A급 선발투수는 류현진뿐이었다. 그리고 크리스마스까지 딱 3일 남았다.

보라스는 류현진의 계약 체결을 위해 피슐린 수석 부사장, 투수 출신 카우딜 부사장, 토론토 블루제이스 투수 출신 머슬만 부사장과 영상통화를 했다.

(보라스) 자, 이제 류현진만 남았어요. 이제부터 시작입니다. 끝까

지 최선을 다합시다.

(피슐린) 예, 지금까지 진행된 사항을 오픈해서 정리를 해보는 것이 좋겠어요.

(보라스) 제프! 블루제이스 입장은 어때요?

(머슬만) 예, 아주 적극적입니다. 샤피로 사장과 앳킨스 단장이 류현진에게 푹 빠졌어요. 그런데 워낙 블루제이스가 스몰 마켓이라서.

(보라스) 로저스가 돈이 없는 것은 아니잖아요. 지금 분위기는 아주 좋아요. 제프가 계속 드라이브하세요. 빌! 류현진에 대하여 블루제이스 말고 어느 팀이 계약에 가장 근접했을까요?

(카우딜) 지금으로서는 LA 다저스, LA 에인절스, 미네소타 트윈스 정도라고 봐야 할 것 같습니다.

(보라스) 나도 동감이에요. 3팀 중 어느 팀이 가장 가능성이 높을까요?

(카우딜) 전 현재로서는 미네소타 트윈스가 가장 근접해 있다고 봐요. LA 다저스는 류현진을 세상에서 가장 잘 아는 팀입니다. 류현진 본인보다도 더 류현진에 대하여 잘 안다고 할 수 있습니다. 게다가 앤드류 프리드먼 사장이 부임한 이후 그는 월가 출신답게 비용 대비 성적인 가성비를 첫 번째 기준으로 삼고 있어요. 그런데 류현진은 천당과 지옥을 오갔기 때문에 내구성에 의문을 갖고 있어요.

(보라스) LA 에인절스는요?

(카우딜) 에인절스는 좌완투수가 절실하게 필요한데요. 100마일을 던지는 우완투수인 오타니와 대비되는 좌완 변화구 투수가 있으면 완벽하거든요.

(피슐린) 나도 그렇게 생각해서 에인절스에 탐색해보았는데 처음에는 류현진에게 적극적이었다가 어느 순간 관심이 적어지더라구요. 그 이유를 모르겠어요.

(카우딜) 저도 처음에는 이해가 가지 않았는데 에인절스가 앤서니 렌던을 영입한 직후 확인해보니, 내부적으로는 류현진을 포기했더라구요.

(보라스) 그래요? 이유는?

(좀처럼 냉정함을 잃지 않는 보라스가 에인절스가 내부적으로 류현진을 포기했다는 말에 놀라는 표정을 지었다.)

(카우딜) 아직도 잘 이해가 가지 않는데요. 오타니를 영입해서 일본과 미국 체류 중인 일본인들이 야구장을 많이 찾아오고 있는데요. 만약 대한민국 류현진을 영입해서 그가 오타니보다 더 잘 던지면 일본 관중이 썰물처럼 빠져나갈 것을 걱정한다는 겁니다. 한국과 일본이 역사적으로 반목이 있다고는 들었지만, 생각보다 두 나라 사이 정서에 우리가 이해하지 못하는 뭔가가 있는 것 같아요.

(보라스) 아하, 그렇게 말하니 조금은 알 것도 같네요. 하지만 야

구에 정치나 국가 이익이 끼면 안 되는데……. 미네소타 트윈스는 어떤가요?

(카우딜) 선발투수인 제이크 오도리지가 트윈스의 퀄리파잉 오퍼를 받아들여 1년 1780만 달러에 계약해서 류현진과 장기 계약을 할 여력은 생겼어요. 관심 있게 봐야 할 것 같아요.

(보라스) 오늘 회의가 무척 유익했습니다. 끝까지 최선을 다합시다. 수고들 하셨어요. 크리스마스 이전에 끝냅시다.

보라스는 류현진과 계약을 체결할 만한 팀으로 LA 다저스, 미네소타 트윈스, 토론토 블루제이스, 이렇게 3팀을 꼽았다.

보라스는 이제부터는 자신이 할 일만 남았음을 잘 알고 있었다. 긴밀하게 협상을 해야 하는 에이전트는 업무 보안이 가장 중요하다. 그리고 또한 일사불란하게 원팀으로 일을 하는 것도 중요하다. 그래서 보라스는 가능한 한 간부들과는 정보를 공유한다. 하지만 본격적인 협상은 오직 보라스 혼자서 할 수밖에 없다. 협상을 체결하는 일만큼은 그 누구와도 공유할 수 없기 때문이다.

비밀을 알아야 할 사람과 알 필요가 없는 사람으로 구분하고, 알아야 할 사람과는 정보를 공유하는 것이 스캇 보라스의 원칙이다. 그가 부사장들과 회의를 통해 정보를 공유하는 이유가 바로 그것이다. 그리고 부사장들은 모든 정보를 직접 협상을 하는 보라스에게 보고해야 한다.

166

"류현진의 전성기는 아직 오지 않았다."

2018년 9월 미국 캘리포니아주 지역 매체인 〈오렌지카운티
레지스터〉에 스캇 보라스의 인터뷰 내용이 실렸다. 그는 류현진
에 대하여 말하며 "류현진의 전성기는 아직 오지 않았다"라고 인
터뷰했다. 많은 사람들은 어깨와 팔꿈치 수술을 받은 30대에 들
어선 류현진에게 '전성기가 곧 올 것'이라는 보라스의 말을 '허풍'
으로 치부했다.

하지만 보라스는 그 근거를 구체적으로 제시했다. 류현진은
성공률 7%에 불과하다는 어깨와순 파열 수술을 받고 재활에 성
공했다는 것을 강조했다. 또한 류현진이 어깨 수술에서 탈출한
2017년과 2018년은 자신의 페이스를 찾아갔음을 강조했다. 특
히 2018년에는 15경기(82이닝)에 출전하여 평균자책점 1.97, 탈
삼진 89개, 4사구 17개를 허용했다는 점을 부각시켰다. 류현진
의 성적을 쉽게 설명하면, 선발투수로 나와 9회까지 던졌을 경우
평균 1.97점을 허용했고, 1이닝마다 1개 정도의 삼진을 빼앗았
으며, 4사구는 5이닝 당 1개 정도를 허용했다는 기록이었다.

'류현진의 전성기가 도래하지 않았다'라는 스캇 보라스의 주
장은 충분한 근거와 설득력이 있었다.

2018년에 류현진과 LA 다저스의 6년 계약이 종료되고, 류현
진은 자유계약선수 자격을 얻게 되었다. 자유계약선수가 되면 자
유롭게 다른 구단과 계약을 체결할 수 있다. 다만 현 소속팀에서

는 1년짜리 단기 계약을 제안할 수 있는데, 이를 퀄리파잉 오퍼 Qualifying Offer라고 한다. 계약 금액은 그해 메이저리그 상위 선수 125명의 연봉 평균치로 2019년에는 1790만 달러였다. 퀄리파잉 오퍼는 LA 다저스 구단에서 오퍼를 해야만 성사되고 단 한 번만 가능하다.

LA 다저스는 류현진과의 계약어 종료될 무렵 류현진에게 2년 3000만 달러의 계약 연장을 오퍼했다. 사장인 프리드먼은 다년 계약을 기피하기로 유명하다. 다년 계약은 선수의 부상 등으로 위험 부담이 크기 때문이다. 이젠 결정은 류현진이 해야 했다. 류현진은 에이전트인 스캇 보라스와 상의했다. 보라스는 류현진에게 LA 다저스가 제시한 퀄리파잉 오퍼를 받아들이도록 조언했다. 2018년 후반기에 부상에서 돌아와 건재함을 보여줬듯이 2019년 한 시즌만 더 건강한 모습으로 풀타임을 소화한다면 그 가치를 몇 배 높일 수 있다는 논리였다. 결국 류현진은 LA 다저스의 퀄리파잉 오퍼를 받아들여 1년 1790만 달러에 계약을 체결했다. 보라스는 류현진에게 2019년에는 충분히 풀타임을 소화할 수 있고, 커리어 하이의 활약을 할 수 있을 거라고 여러 가지 자료를 보여주며 확신시켰다.

그중 보라스가 특히 강조한 것은 류현진이 2018년 1월 배지현과 2년 교제 끝에 결혼하여 생활이 안정되었다는 점과 2018년 11월 일찌감치 다저스의 퀄리파잉 오퍼를 받아들여 훈련에 충실

했다는 점이었다.

류현진은 보라스의 말대로 2019 시즌에 눈부신 성과를 냈다. 이전과는 완전히 다른 선수가 되어 메이저리그를 호령했다.

평균자책점 메이저리그 전체 1위, 사이영상 2위였다.

"류현진의 어깨는 26세~27세 수준"

2019년 정규 시즌이 끝나자 스캇 보라스는 기자회견을 자청했다. 이 기자회견에서 그는 류현진에 대한 이야기로 많은 시간을 할애했다.

"시즌 막판에 체력이 떨어졌다는 점에서 내구성을 의심하는 목소리가 있지만, 절대 그렇지 않습니다. 류현진은 메이저리그 입성 후 점점 발전했습니다. 메이저리그에서 뛰는 또래 투수들과 비교하면 류현진이 얼마나 대단한 선수인지 알 수 있습니다. 류현진은 만 32세인데 26세, 27세 투수들이 기록하는 이닝을 책임졌고, 올 시즌 무려 182와 3분의 2이닝 소화했습니다. 투구 이닝 기록이 류현진의 몸 상태를 말해주는데, 빅리그 데뷔 후 두 번째로 많은 이닝 기록입니다. 이것은 또 류현진이 매우 가치 있는 선수라는 것을 증명합니다. 류현진의 어깨 수술은 미국 최고의 의사 닐 엘라트라체 박사가 집도했고, 한국에서 전담 트레이너인 김용일 코치를 영입해 몸 상태를 끌어올렸습니다. 무엇보다도 그에겐 어떤 어려운 상황도 극복해내는 힘과 의지가 있습니다."

스캇 보라스의 기자회견 내용의 핵심은 류현진의 어깨는 전혀 문제가 없고 오히려 26세, 27세 선수의 어깨와 똑같다는 주장이었다. 언뜻 듣기에는 납득이 가지 않지만, 보라스는 2019년 류현진이 던진 이닝을 나름의 근거로 삼았다.

이론적 근거로는 보라스가 주장한 '주행거리 기록계pitching odometer'라는 개념이다. 즉, 연식은 14년 되었지만 주행거리는 7년 치에 불과한 슈퍼카를 류현진과 비유한 것이다. 류현진이 7년 동안 메이저리그 정규 시즌에서 740과 3분의 1이닝을 던졌는데, 이는 26세~27세 투수가 던진 이닝과 비슷하다는 주장이었다.

보라스는 2019년 7월 10일 올스타전 류현진의 활약을 소개했다. 내셔널리그 선발투수로 등판한 류현진은 1이닝 1안타 무실점으로 호투했다. 그날 아메리칸리그 1번부터 4번까지를 안타 하나와 내야 땅볼 세 개로 처리했다. 모두 강속구가 아닌 변화구와 제구력으로 처리한 것이다.

시즌 전반기 17경기 등판하여 10승 2패로 내셔널리그 다승 부문 공동 1위에 올랐고, 평균자책점은 1.73으로 메이저리그 전체 1위였다.

보라스는 그림을 잘 그리지는 못하지만 시간만 나면 미술관을 찾는다. 그는 미술 작품을 보면서 그 작품을 만든 작가의 생각과 의도를 찾으려고 애쓴다. 특히 새로운 기법이나 독창적인 기법의 작품을 찾는 것이 그의 취미다. 그는 빈센트 반 고흐의 작품을 유독 좋아한다. 고흐가 당시 화풍과는 전혀 다른 새로운 기법으로 그림을 그렸기 때문이다. 그가 협상 과정에서 보여주는 창의적인 발상과 개념 정립이 미술관에서 시작되는 것일지도 모르겠다.

"모든 구단은 서울에서 멀다."

류현진에 대하여 관심을 갖는 구단은 있지만 생각보다는 적극적이지 않았다. 특히 류현진이 7년간 생활한 캘리포니아를 떠날 수 없을 것이라는 의견이 많았다. 류현진을 품으려면 계약 기간과 총금액이 우선되어야 하는데, 류현진의 캘리포니아 거주가 쟁점이 되었다. 미국의 한 야구 전문 단체가 실시한 설문에서, 류현진이 LA를 제외한 다른 지역으로 갈 수 없다는 의견이 46.5퍼센트나 되었다. 다른 지역으로 갈 수 있다는 의견 중에는 텍사스가 8.9퍼센트로 가장 높았다.

특히 아내 배지현이 임신한 사실이 알려지면서 이런 기사는 힘을 더 얻게 되었지만, 이런 요인에도 캘리포니아에 있는 LA 다저스, LA 에인절스, 샌디에이고 파드리스와 샌프란시스코 자이언츠는 류현진 영입에 적극적이지 않았다. 특히 LA 다저스는 캘리포니아주의 다른 팀들이 류현진을 영입할 형편이 못 된다는 것을 간파하고는 느긋해했다.

보라스는 답답했다.

현재로서는 LA 다저스, 미네소타 트윈스, 토론토 블루제이스가 가장 유력한데, 금액만 빼고 보면 LA 다저스가 가장 적합했다. 7년간 활동한 팀이고, 한인 교포들의 전폭적인 지원도 있고, 2세가 태어나면 양육에 가장 최적지가 LA였기 때문이다.

보라스는 류현진에게 전화를 했다.

"현진! 계약이 늦어져서 좀 답답하지?"

"괜찮아요. 스캇을 믿으니까요. 그런데 솔직히 다른 선수들은 다 계약이 되었는데, 좀 그렇긴 하네요."

"다저스가 계약하는 데 장애물이야. 프리드먼 사장이 얼마나 신중한지 알지? 현진이가 LA를 떠나지 못할 거라는 생각에……"

"LA 다저스가 게릿 콜에게 오퍼를 얼마나 했어요?"

류현진의 질문에 보라스는 잠시 머뭇거리다가 말했다.

"9년 3억 달러."

"그렇군요. 스캇, 지금까지 논의된 팀 중에는 어디가 조건이 가장 좋아요?"

"토론토가 가장 적극적이고 조건도 좋아."

"그럼, 토론토랑 하세요."

"뭐? LA를 벗어나도 괜찮아? 토론토는 캐나다고 날씨도 LA하고는 다를 텐데."

"서울도 겨울에는 무척 추워요. 그리고 서울에서는 LA나 토론토나 다 똑같이 멀어요."

"알았어. 크리스마스 전에는 토론토행 비행기를 탈 수 있도록 할게."

보라스는 류현진을 잘 알았다. 그는 그라운드에서 보여주는 담담함이 몸에 배어 있었다. 보라스는 7년 전 30초를 남겨두고 LA 다저스와 계약서에 도장을 찍은 일이 문득 떠올랐다.

"참, 언젠가 물어보고 싶은 게 있었는데……"

"뭔데요, 스캇?"

"우리 회사 한국 에이전트와 무슨 일이 있었어?"

"별일 아니에요. 헤어질 때가 된 거겠지요."

류현진은 말을 아꼈다. 보라스는 대충 내막은 알고 있었지만 류현진이 더 이상 말을 하지 않자 더 묻지는 않았다.

보라스는 LA 다저스 앤드류 프리드먼 사장과 접촉을 하고는 바로 기자들을 불러 인터뷰를 했다.

"미국의 모든 지역은 서울과 멀다"고 말하며, 류현진이 선호한다고 알려진 다저스 등 미국 서부 지역 팀이 아니더라도 상관없다고 말했다. 비슷한 시점에 류현진도 한국 언론과 인터뷰에서 이렇게 말했다.

"보라스가 말했다시피 서울에서 다 먼 곳이기 때문에 똑같은 것 같아요."

'3월 25일의 비밀'

토론토 블루제이스는 시즌 종료 직후부터 류현진 영입에 적극적으로 움직였다. 단장 회의 직후 미네소타 트윈스까지 나섰지만 류현진이 만족할 만한 계약 조건을 제시할 팀이 되지는 못했다.

언론 보도와는 달리 소문만 무성하던 LA 에인절스는 아시아 투수 두 명이 동시에 뛰는 걸 원치 않는다는 이상한 이유로 아예 오퍼도 넣지 않았다. 친정팀인 LA 다저스는 계약 의사를 보이기는 했지만 이리저리 오락가락하는 모습을 보였다. 샌프란시스코 자이언츠와 샌디에이고 파드리스는 계약 상황만 확인할 뿐이었고 협상 시도도 없었다.

야구 전문가들은 류현진의 계약이 연봉 1700만 달러에 4년, 즉 총금액이 6800만 달러가 될 거라고 예상했다. 12월 17일 일본야구의 마무리 투수인 순 야마구치가 블루제이스와 계약을 체결했다. 분명 토론토 블루제이스는 류현진과 같은 제1선발투수를 강하게 원하고 있었다.

12월 23일 오전 9시.

지금까지 류현진에게 오퍼한 구단 중 가장 좋은 조건이 토론토 블루제이스였다. 보라스는 문득 블루제이스의 사장인 마크 샤피로와 단장인 로스 앳킨스에게 류현진을 영입할 만한 결정적인 설득 자료를 보여줄 필요가 있다고 생각했다. 두 사람이 결국 로저스 구단주를 설득해야 했기 때문이다. 그리고 지금까지 큰돈을 들여 선수를 영입한 적이 거의 없는 스몰 마켓이기 때문에 뭔가 확실한 자료를 제시해야 할 것 같았다.

보라스는 블루제이스가 류현진에 대하여 의문을 품는 것은 그의 나이와 부상 전력임을 잘 알았다. 그리고 이것이 류현진과 장기 계약을 맺기엔 부담으로 작용하는 것도 잘 알았다.

보라스는 류현진과 유사한 선수를 찾아보기 시작했다.

강속구 투수가 아니고 변화구와 제구력을 주무기로 하는 좌완 투수이면서 30대 중반 이후에 좋은 성적을 낸 투수를 찾았다. 데이비드 웰스, 톰 글래빈, 앤디 페티트 등 세 명이 생각났다.

데이비드 웰스는 덩치도 류현진과 비슷한 거구이면서 유연성이 뛰어나 류현진처럼 강속구보다는 제구력 위주의 변화구를 주무기로 했다. 그는 2개의 월드시리즈 우승 반지를 챙겼다. 앤디 페티트도 포스트시즌에 특히 강한 면모를 보이며 포스트시즌에서만 19승을 기록해 최다승 기록을 가지고 있다. 하지만 그는 키가 198센티미터, 체중 103킬로그램으로 키가 큰 점이 류현진과 달랐다. 톰 글래빈은 2번의 사이영상을 받았고, 통산 305승을 기록했다. 그는 '좌완 컨트롤의 마법사'라는 별명을 가지고 있을 정도로 제구력이 뛰어났다. 서클체인지업을 주무기로 하면서 스트라이크존 구석구석에 공을 던질 수 있는 제구력의 보유자라는 점이 류현진과 닮았다. 특히 톰 글래빈은 류현진과 같은 나이인 32세부터 36세까지 5년간 89승을 기록하며 42세까지 22시즌을 활약했다.

바로 톰 글래빈이 류현진의 롤 모델이었다. 보라스는 강속구가 아닌 체인지업 등 변화구와 제구력을 갖춘 톰 글래빈의 자료를 찾아보았다. 그의 생일이 3월 25일이었다. 보라스는 몇 년 전 류현진의 생일날 꽃을 선물하면서 봄에 적합한 꽃을 찾기가 어려웠던 기억이 문득 떠올랐다.

보라스는 류현진에게 바로 전화를 했다.

"현진! 생일이 언제지?"

"예? 1987년 3월 25일 대한민국 인천에서 태어났어요."

놀랍게도 류현진과 톰 글래빈이 똑같은 날 태어난 것이었다.

"아하, 이럴 수가! 알았어. 다시 연락할게."

류현진이 다른 이야기를 할 틈도 없이 보라스는 전화를 끊었다. 그러고는 바로 토론토 블루제이스 마크 샤피로 사장에게 전화를 했다.

"마크! 빨리 서둘러야겠어요!"

"스캇! 무슨 말이죠?"

"블루제이스가 류현진과 당장 계약해야 할 이유가 있어요."

"무슨 말인지?"

"이건 운명이야, 누구도 거스를 수 없는 운명."

"스캇! 무슨 말인지 설명 좀……"

"1시간 안에 그 이유를 찾아봐요. 그래야 최고의 선발투수를 블루제이스가 품을 수 있어요."

"스캇! 답답하네요. 근거를 알려주세요."

"자, 딱 1시간입니다. 답이 없으면 토론토는 패싱입니다."

"예? 근거는요?"

샤피로는 약간 신경질적인 목소리였다.

"3월 25일이 그 단서입니다. 1시간 동안 기다릴게요."

"스캇! 스캇!"

보라스는 3월 25일이라는 말만 남기고 전화를 끊었다. 샤피로는 앳킨스 단장과 함께 보라스가 준 수수께끼 같은 3월 25일이라는 숫자를 받고 끙끙거렸다. 평소 보라스는 아주 냉정한 성격으로 속내를 먼저 드러내는 일이 거의 없는 사람이었다. 그런데 오늘은 평소의 보라스와는 확연하게 달랐다. 오늘은 신들린 사람처럼 단호하게 3월 25일이라는 숫자와 운명이라는 말을 했다.

1시간이 되기 10분 전에 앳킨스가 보라스에게 전화를 했다.

"스캇! 마크 샤피로 사장님에게 하신 말씀과 관련인데요. 전 도무지 무슨 말인지 알아들을 수가 없어서."

"아, 로스! 3월 25일의 비밀을 풀었나요?"

"아니요. 그날이 2020년 메이저리그 개막전 경기가 열리는 날인가요? 전 아무리 생각해도 알 수가 없네요."

보라스는 나지막한 목소리로 천천히 말했다.

"나도 깜짝 놀랐어요. 3월 25일은 바로 애틀랜타 브레이브스 47번 톰 글래빈이 환생한 날입니다. 그것도 21년 만에 토론토 블루제이스에서요."

"예엣? 스캇, 무슨 말인지?"

앳킨스는 보라스가 하는 말을 전혀 이해할 수 없다는 듯이 전화기를 붙들고 멍하니 있었다. 이때 샤피로가 앳킨스의 전화기를 빼앗았다.

"스캇! 21년 만에 톰 글래빈이 토론토 블루제이스에서 환생했다고요?"

"아, 마크! 내 말을 잘 들어봐요. 톰 글래빈은 '1966년 3월 25일' 태어났고요. 류현진은 '1987년 3월 25일' 태어났어요. 둘 다 똑같은 날 태어났죠. 21년 만에요. 그런데 말이죠. 둘 다 왼손투수인데 서클체인지업이 주무기이고 제구력이 강점이죠. 게다가 톰 글래빈이 32세인 1998년 20승 6패를 기록했고, 놀랍게도 33세 (1999년) 14승 11패, 34세(2000년) 21승 9패, 35세(2001년) 16승 7패, 36세(2002년) 18승 11패를 기록했어요."

"아하, 정말 그렇군요."

샤피로도 보라스의 말을 듣고는 전율을 느꼈다.

"그 이후에도 톰 글래빈은 37세부터 42세까지 6년 동안 평균 10승 이상을 기록했어요."

"저희도 기록을 찾아보고 있는데 스캇 말이 맞네요."

"그러니 지금 블루제이스가 제2의 톰 글래빈을 빨리 잡아야 하지 않겠어요? 이게 운명이라는 단어 말고 어떻게 설명할 수 있겠어요. 단장 회의 때부터 우리 세 사람이 많은 만남과 대화를 나누

었잖아요. 로저스에게 얼른 알려 드리세요."

"알겠어요, 스캇! 고맙습니다."

"오늘 오전이 그냥 지나면 아마도 블루제이스에게 류현진은 무지개에 불과하겠죠. 쫓을 수 없는 무지개요."

잠시 후 샤피로로부터 전화가 왔다.

"스캇! 톰 글래빈에 대한 자료를 찾아보니 정말로 운명이라는 말이 떠오르더군요. 그런데 류현진이 메이저리그에서는 740이닝을 던졌지만, 미국에 오기 전에 한국프로야구에서 7년간 1269이닝을 던져서 지금까지 2000이닝 이상을 던졌는데 그 점이 좀 걸리네요."

"마크! 그가 한국에서 던진 것은 메이저리그와는 달라요. 일종의 워밍업이죠."

"아하! 한국야구와 미국야구의 수준 차이가 있다는 말이죠? 제가 한국야구 수준을 잘 몰라서……. 알았어요. 그렇게 정리하면 되겠네요."

10여 분이 지나자 샤피로로부터 전화가 왔다.

"스캇! 다 정리가 되었어요. 당장 류현진과 계약합시다. 조건은 지난번 논의한 대로 4년 8000만 달러!"

"좋아요. 조건은 서로 협의한 대로 해요."

보라스는 류현진에게 전화를 했다.

"현진! 방금 블루제이스와 합의했어요. 어제 말한 조건 그대로,

4년 8000만 달러. 토론토로 와요. 항공권과 호텔 예약은 회사에서 챙길 겁니다. 토론토에서 크리스마스를 보내자구."

"잘 되었네요. 스캇! 고생하셨어요."

"현진! 협상은 타이밍이고, 끝날 때까지 끝난 게 아니야."

2019년 12월 23일 저녁 최종적으로 류현진은 4년 8000만 달러에 토론토 블루제이스 선수가 되기로 결정했다.

토론토 블루제이스는 지난해 선발투수들의 부상 이탈로 선발투수만 21명을 투입하는 등 고전을 면치 못했다. 이제 태너 로어크, 체이스 앤더슨에 이어 류현진까지 영입하며 기존에 있는 맷 슈메이커까지 해서 어느 정도 선발진을 갖출 수 있게 되었다. 류현진의 영입은 토론토 블루제이스 팬들에게는 크리스마스 선물이었다.

보라스는 지넷에게 전화했다.

"여보! 약속대로 올해 크리스마스는 화이트 크리스마스네. 류현진 계약이 방금 끝났어."

"우와! 만세! 고생했어요, 스캇."

보라스는 피슐린 수석 부사장에게도 전화했다.

"마이크! 스콜피언 작전 상황 종료. 이젠 뉴멕시코로 떠납니다. 직원들에게 알려드리세요."

"스캇! 감사합니다. 방금 뉴스에서 보았어요. 4년 8000만 달러! LA 다저스가 류현진을 다 잡았다고 생각했다가 놓친 꼴이네요.”

“완벽하게 손에 넣기 전에는 승리를 예측하면 안 되죠. 이솝우화에도 암탉을 놓고 싸운 두 마리의 수탉 중 싸움에서 승리한 놈이 담벼락 위에 올라가 승리를 만끽하는 환호를 지르다가 독수리에게 노출되어 잡혀 먹히잖아요. 다저스는 류현진이 LA를 떠나지 못할 것이라고 착각한 셈이죠.”

“사장님! 류현진의 대단한 선택이었어요.”

“유는 보면 볼수록 대단한 승부사 같아요.”

보라스는 류현진을 가끔 유YOU라고 발음하는 재치 있는 말솜씨를 뽐내곤 했다.

“99번이 캐나다로 돌아왔습니다.”

2019년 12월 28일 캐나다 온타리오주 토론토 로저스 센터.

“헬로 캐나다! 봉주르! 먼저 에드워드 로저스 구단주에게 특별한 감사를 전합니다. 로스 앳킨스 단장, 마크 샤피로 사장, 스캇 보라스 에이전트 그리고 제 가족과 블루제이스 팬들. 이렇게 토론토에서 함께할 수 있어서 기쁘게 생각합니다. 이제는 토론토가 저의 팀입니다. 토론토가 저를 가장 원한 것처럼 저도 토론토를 위해 최선을 다하겠습니다.“

12월 23일 4년 8000만 달러에 합의했고, 25일 메디컬테스트를 거쳐 류현진의 입단식이 12월 28일 로저스 센터에서 거행되었다. 입단식에는 에이전트 스캇 보라스, 블루제이스의 마크 샤피로 사장, 로스 앳킨스 단장, 찰리 몬토요 감독이 참석했다. 앳킨스 단장이 류현진에게 99번이 새겨진 토론토 블루제이스 유니폼을 입혀주자 카메라 플래시가 터지기 시작했고, 박수와 환호가 터져 나왔다.

에이전트 스캇 보라스가 먼저 말했다.

"캐나다가 과거에 99번을 LA로 보낸 적이 있습니다. 이번에 류현진의 영입으로 99번을 캐나다로 되찾아온다고 생각했습니다."

순간 웃음소리와 박수소리가 흘러나왔다.

"윈터 미팅 동안 로스 앳킨스 단장과 마크 샤피로 사장은 매우 집요했습니다. 많은 시간을 그들과 보냈고, 토론토 구단이 정말로 류현진을 이해하고 있다는 걸 알았습니다. 그게 류현진을 토론토로 오게 한 원동력이었습니다. 토론토는 단순히 어린 선수들을 보유한 게 아니라 '야구계의 왕족' 출신 선수들을 보유하고 있습니다. 이 선수들은 사실상 메이저리그 클럽하우스에서 자라난 선수들입니다. 이런 내력을 지닌 어린 선수들의 데뷔 초반의 활약이 이들이 어떤 선수로 성장할 것인지를 분명하게 보여준다고 생각합니다. 류현진 같은 에이스급 투수를 데려온다는 게 어떤 의미인지에 대하여 간단히 말씀드리겠습니다. 경쟁력 있는 경기를 치르면서 어린 선수들이 일찍 성장할 수 있도록 도와줄 것입니다. 접전으로 접어든 상황에서 경기를 치를 수 있다는 건 선수가 더 빠르게 성장할 수 있도록 만들어줍니다. 일찍부터 플레이오프 수준의 경기를 치러볼 수 있도록 만들어주는 것이기도 합니다. 실제로 류현진이 LA에서 활약하는 동안 코리 시거나 코디 밸린저 같은 선수들이 비슷한 경험을 했습니다. 여기 토론토의 혈통 좋은 선수들도 그런 페이스로 계속해서 성장해 나갈 수 있다는 기대를 가져 봅니다."

보라스가 말하는 동안 아무도 질문이나 이의를 달지 않았다. 그는 역시 야구에 관한 최고의 컨설턴트였다. 토론토 블루제이스는 젊은 선수들이 많은데, 특히 토론토 공격을 주도하는 3인방이 모두 유명한 야구선수 아들임을 강조한 것이다.

그 3인방은 바로 블라디미르 게레로 주니어(3루수, 20세), 캐번 비지오(2루수, 24세), 보 비셋(유격수, 21세)이다. 블라디미르 게레로 주니어의 아버지 블라디미르 게레로(통산 타율 0.318, 449홈런)는 2018년 명예의 전당에 헌액된 강타자다. 캐번 비지오의 아버지 크레이그 비지오(통산 타율 0.281, 291홈런) 역시 2015년 명예의 전당에 입성했다. 보 비셋의 아버지 단테 비셋(통산 타율 0.299, 274홈런)은 올스타에만 4차례 선정된 거포다.

마크 샤피로 사장은 "류현진과 그의 아내 배지현, 그리고 곧 태어날 아기도 환영한다. 토론토에 있는 한국교포사회에도 큰 활력이 될 것으로 기대한다"라고 환영 인사를 했다. 로스 앳킨스 단장은 "류현진은 보면 볼수록 뛰어난 투수다. 마음먹은 대로 제구하는 능력은 너무도 매력적이다. 네 가지 구종을 원하는 곳으로 던져 아웃카운트를 잡아낼 수 있는 류현진보다 더 좋은 선발투수를 데려오는 건 어렵다. 류현진 덕분에 토론토는 즐거운 크리스마스가 되었다"라며 기뻐했다.

구단은 류현진과 배지현에게 99번 유니폼을 선사하면서 배지현이 임신 중임을 고려하여 아기용 유니폼도 준비하는 세심함을 보였다. 99번은 캐나다에서는 영구 결번으로, 누구도 99번을 단 유니폼을 입은 적이 없었다. 바로 캐나다 스포츠 영웅인 NHL(북미아이스하키리그)의 전설적인 공격수 웨인 그레츠키의 번호였기 때문이다. 99번은 일종의 묵시적인 금기 사항이었다. 그런데 99번을 류현진에게 선사한 것이다. 그만큼 토론토 블루제이스가 얼마나 류현진을 높게 평가하고 기대하는지 알 수 있는 대목이었다. 같은 지구에 속한 뉴욕 양키스 강타자인 99번 애런 저지를 잘 막아달라는 토론토 블루제이스 팬들의 바람이기도 했다.

류현진의 계약 규모는 토론토 블루제이스 역사상 투수로서는 최고 금액이다. 2006년 A. J. 버넷과 계약한 5년 5500만 달러가 투수 계약의 최고 금액이었다. 전체 선수를 따져도 버논 웰스(7년 1억 2600만 달러), 러셀 마틴(5년 8200만 달러)에 이어 세 번째다.

토론토 블루제이스는 미국 메이저리그에서 유일한 캐나다 팀이다. 구단주는 로저스 커뮤니케이션스다. 이 회사는 1920년 캐나다 토론토에 설립한 통신회사로서 전화, 이동통신, 인터넷망,

케이블 TV, 방송국을 운영하는 회사다. 이 회사 에드워드 테드 로저스 회장은 변호사를 꿈꾼 법학도로서 '미디어 재벌', '캐나다의 루퍼트 머독', '인수합병의 달인'으로 알려진 인물이다.

1977년 '인터블루'라는 맥주회사가 토론토에 설립한 야구단을 2000년 로저스 커뮤니케이션스가 인수했다. 블루제이스는 몬트리올을 연고지로 한 몬트리올 엑스포스에 이어 설립된 캐나다 두 번째 메이저리그 구단이다. 몬트리올 엑스포스가 워싱턴 D.C.로 떠나면서 지금은 캐나다에 연고를 둔 유일한 팀이다.

2020년 3월 27일 새벽(한국 시간), 류현진은 등번호 99번을 단 블루제이스 유니폼을 입고 로저스 센터에서 보스턴 레드삭스 선발투수 크리스 세일과 2020년 시즌 첫 경기를 펼칠 예정이다.

류현진 선수의 활약을 기대한다.

스캇 보라스의 7가지 선택

★ ★ ★

"인생은 B와 D 사이의 C다."

프랑스 실존주의 철학자 장 폴 사르트르가 한 말이다.

사람은 태어나서Birth 죽을 때Death까지 선택Choice의 연속이라는 뜻이다.

이 책의 근간을 이루고 있는 것은 바로 스캇 보라스의 선택이다. 나는 주어진 여건에서 좋은 선택을 할 줄 아는 사람을 진정한 리더라고 굳게 믿고 있다.

스캇 보라스는 선택해야 할 순간에 피하지 않고 선택을 했고, 그 선택은 좋은 결과로 이어졌다. 그가 '슈퍼 에이전트'라 불리는 이유의 이면에는 이런 선택이 자리 잡고 있는 것이다. 그와 같이 오직 자신의 고객인 선수의 입장과 메이저리그의 발전을 위한 신넘으로 좋은 선택을 과감하게 할 줄 아는 사람이 리더의 참모습 아닐까 하는 생각을 해본다.

야구선수의 꿈, 약학대학원, 로스쿨, 로펌 변호사, 야구 전문 에이전트 등이 보라스가 한 좋은 선택들이다.

아마도 보라스가 한 선택 중에는 이러한 좋은 선택보다 실패한 선택이 더 많을지도 모른다. 살아가면서 수많은 선택의 기회가 다가오고, 실패한 선택은 좀처럼 알려지지 않기 때문이다. 하지만 그는 자신이 한 선택에 대하여는 오롯이 책임을 졌고, 그 선택을 성공으로 이끄는 모습을 보여주었다.

역량 관점에서 스캇 보라스가 성공할 수 있었던 7가지 선택을 꼽아 보았다.

선택 1_ 야구를 선택하다.

어릴 적 꿈꾸었던 야구선수의 꿈은 이루지 못했지만, 야구에 대한 열망이 그의 삶의 중심이 되었다.

선택 2_ 도전을 선택하다.

마이너리그 시절 무릎 부상으로 야구선수의 길을 포기한 후 그는 약학대학원과 로스쿨을 선택하는 새로운 도전을 했다. 그리고 변호사에서 아무도 가보지 못한 에이전트의 길을 선택했다. 더 나아가 그는 한국, 일본, 대만 등 새로운 시장을 찾는 도전을 했다.

선택 3_ 고객을 선택하다.

악마 에이전트, 돈만 쫓는 장사꾼이라는 비난에도 그는 자신의
고객인 선수만 생각했다. 선수가 흘린 땀과 자존감의 대가를 충
분히 받게 해주는 일을 선택했다. 그 길이 야구를 발전시키는 일
이라고 굳게 믿었기 때문이다.

선택 4_ 경청을 선택하다.

전문가들의 조언과 의견을 충분히 경청했다. 그는 회의 때마다
자신은 말을 아끼고, 직원들이 마음껏 의견을 드러낼 수 있는 기
회를 주곤 한다.

선택 5_ 인연을 선택하다.

첫 고객인 마이크 피슐린, 빌 카우딜과 30년 넘게 함께 일하고
있을 정도로 그는 한 번 맺은 인연을 소중하게 여긴다. 그와 함께
일하는 사람은 그를 신뢰하고, 이런 신뢰가 지속 성장의 원동력
이 된다.

선택 6_ 집중을 선택하다.

야구 말고는 다른 스포츠에 분산 투자하지 않았다. 오직 야구

에만 집중하기 위해서였다. 야구에 대한 전문화로 경쟁자와의 초
격차를 벌리며, 아무도 따라올 수 없는 최고의 자리를 유지하고
있다.

선택 7_ 준비를 선택하다.

그는 연봉 협상을 할 때 대충하는 법이 없다. 연봉 협상을 위해
그가 준비하는 서류가 수백 페이지가 넘을 정도다.

나는 야구선수 출신은 아니지만 야구 마니아다. 한국프로야구 원년인 1982년에는 개막전부터 코리안시리즈까지 OB 베어스 전 경기를 TV로 다 볼 정도였다.

사람이 지닌 잠재력을 발견하고, 숨겨진 역량을 찾아 키워주는 역량지도교수인 나는 밤낮을 가리지 않고 1년 내내 메이저리그 경기를 본다. 그리고 월드시리즈가 끝나면 우승한 팀의 승리 요인과 패배한 팀의 패배 원인을 역량 관점에서 분석한 글을 몇 년째 언론에 기고해오고 있다.

교수인 내가 야구에 푹 빠진 이유가 뭘까? 야구 경기에서 필연적으로 발생하는 성공한 이유와 실패한 원인을 분석하고 대안을 찾는 일이 바로 역량교수의 관심사이기 때문이다.

2017년에는 《테오 엡스타인에게 배우는 33역량》이라는 책을 출간했다. 메이저리그 역사상 가장 오랜 기간 동안 월드시리즈 우승을 하지 못한 두 팀에게 우승 반지를 안긴 '테오 엡스타인'이라는 젊은 야구 단장에 관한 내용이다.

야구선수의 꿈을 이루지 못하고 단장이 된 테오 엡스타인이 자신만의 비법으로 보스턴 레드삭스와 시카고 컵스에게 월드시리즈 우승 트로피를 안긴 과정을 역량 관점에서 분석했다. 오랫동안 많은 사람들이 두 팀의 우승을 막고 있다고 믿었던 '밤비노의 저주'와 '염소의 저주'를 그는 믿지 않았다.

엡스타인은 '저주는 미신에 불과하다'고 확신했고, 두 팀의 실패 원인을 패배주의에서 찾았다. 그는 '저주'를 실체가 없는 패배주의의 그림자로 보았고, 그만의 방식으로 패배주의를 걷어냈다. 대신 그 자리에 자신감을 불어넣어 두 팀 선수들에게 우승 반지를 선물했다.

미국의 경제지 〈포춘〉은 엡스타인을 '저주 파괴자'라고 불렀고, '2017년 세계에서 가장 위대한 지도자 1위'로 선정했다. 수많은 정치인, 경제인, 종교인을 모두 제치고 그가 1위로 선정된 이유는, 그 누구도 해보지 않았던 새로운 선택과 방식으로 우승을 이루어냈기 때문일 것이다.

스캇 보라스는 야구선수 꿈을 이루려고 노력하는 과정에서 뜻하지 않은 부상을 당했고, 좋든 싫든 새로운 선택을 해야 했다. 그리고 그 순간에 그는 늘 도전적인 선택을 해왔다. 그 선택의 중심에는 그가 좋아한 야구에 대한 열정이 자리 잡고 있었다.

스캇 보라스는 협상에서 가장 중요한 것은 사람에 대한 파악이라고 믿었다. 앞에 앉아 있는 상대방이 두려워 협상에 실패했을 땐, 정말로 두려운 것은 상대가 아니라 자신의 무지와 준비 부족에서 찾았다. 또한 그는 고객을 먼저 생각해야 한다는 협상의 핵심 원칙을 일관되게 유지했다.

'내 삶의 중심은 무엇이었는지? 나는 얼마나 열정적으로 살아왔는지? 현재 나의 열정은 무엇인지?'

이 책을 쓰는 동안 나 자신을 되돌아보게 되었다.

당장 내가 좋아하는 것들의 의미가 명확하지 않을 수 있고, 내가 지금 하고 있는 일들이 과연 옳은 것인지 의문이 들 때도 있다. 언젠가는 지금까지 내가 가꾸어온 꿈을 접어야 할 수도 있고, 새로운 길을 모색해야 할 때가 오면 그 길에 대한 확신보단 두려움이 앞설 수도 있을 것이다.

'스캇 보라스'라는 이름을 떠올릴 때마다 나의 열정이 훗날 새로운 의미를 가질 수 있다는 야릇한 신념이 생겼다.